幸福的教育

——魏书生、陶继新对话录

魏书生　陶继新　著

齊魯書社

图书在版编目（CIP）数据

幸福的教育：魏书生、陶继新对话录 / 魏书生，陶继新著. -- 济南：齐鲁书社，2021.10
ISBN 978-7-5333-4489-4

Ⅰ. ①幸… Ⅱ. ①魏… ②陶… Ⅲ. ①教育研究－中国 Ⅳ. ①G52

中国版本图书馆CIP数据核字(2021)第184538号

责任编辑　许允龙
责任校对　王其宝　赵自环
版式设计　刘羽珂
封面设计　吴　晋

幸福的教育——魏书生、陶继新对话录
XINGFU DE JIAOYU WEI SHUSHENG TAO JIXIN DUIHUA LU
魏书生　陶继新　著

主管单位　山东出版传媒股份有限公司
出版发行　齐鲁书社
社　　址　济南市英雄山路189号
邮　　编　250002
网　　址　www.qlss.com.cn
电子邮箱　qilupress@126.com
营销中心　（0531）82098521　82098519　82098517
印　　刷　山东新华印务有限公司
开　　本　720mm × 1020mm　1/16
印　　张　13
字　　数　150千
版　　次　2021年10月第1版
印　　次　2021年10月第1次印刷
标准书号　ISBN 978-7-5333-4489-4
定　　价　45.00元

contents **目 录**

序

不动摇 不懈怠 不折腾

如何才能搞好教育，今后教育应该怎样走？这是一个老生常谈的问题。教育在这种老生常谈中，一次又一次地变革与创新，却一次又一次地出现新的问题。那么，其中是不是有一个“放之四海而皆准”的真理呢？我觉得，还是有的，那就是民主治教、科学发展，其关键的关键就在于不动摇、不懈怠、不折腾。

不动摇

大多数人民群众认可的常识，大多数师生愿意接受的常识，常常就是符合规律的、科学的人间大道。对这些常识，我们一定要坚守、坚守再坚守，决不动摇。这样，我们的教育事业就一定能科学发展。我觉得，要做到以下三个坚守。

首先，坚守民族的传统常识：先贤先哲说的“大学之道，在明明德，在亲民，在止于至善”“有教无类”“因材施教”“教学相长”。古代如此，现在亦然，再过一万年都用不着改变。

其次，坚守新中国师生们耳熟能详的常识：热爱祖国、服务人民、以人为本、德育为先、“三有一守”、注重实践、尊重个性、全面发展。

第三个坚守是最重要的，就是要坚守自己的优点长处，坚守自己做得对的事情，决不动摇。

回顾十几年来教育局局长兼书记的工作经历，我个人真的没提出什么新的理念，无非是帮助机关干部、师生员工反复温习这些常识。

我 1997 年 10 月任盘锦市教育局局长，当时提出了“七个一分钟”。其实，这真的没有什么新意，都是人生成长、发展的常识。我读了几百位好人、伟人的传记，发现他们中的许多人都有终生爱一项体育活动、爱一项文艺活动、爱写日记、爱读书、爱助人的习惯，都有良好的注意力。既然这是公认的常识，又有益于每一位学生，有利于国家，坚持下来时间成本不算高，经济成本又很低，那么，教育行政部门就有责任帮助师生守住“七个一分钟”不动摇。我愿意向全国各地的师生员工建议：坚持“七个一分钟”不动摇，一年两年不动摇，十年八年不动摇。我个人今天还在刷碗筷、唱歌、跑步、读名著、练演讲、写日记、做注意力体操。有时间就多做点，没时间就真的只做一分钟，不动摇，不停止。因为从中感受到了自信和快乐，我才愿意几百次、几千次地建议坚守这些常识，不动摇。

其实，我不厌其烦、反反复复、翻来覆去、逢会必讲的这个不动摇，还是坚守“学习、工作、尽责、助人是享受”的幸福观不动摇。有了这个不动摇，就能高楼住得，茅屋居得，高官做得，批评听得，在人生的任何一个位置上都能明确自己的责任，制定学习的目标，在为祖国、为人民尽到责任的同时，享受到做人的幸福感、自豪感、尊严感。

不懈怠

继承不是目的，继承的目的是创新。

不动摇地坚守常识不是目的，往深处扎根、向高处发展才是目的。

要创新，要发展，就不能懈怠，就要把我们做得对的事情做得更多、更快、更好、更省、更精、更细，更符合师生利益，更符合经济和社会发展的需要。

校长要为教师、学生服务，要深入课堂，这是谁都知道的简单常识。既然是常识，就要坚守不动摇。但如果产生了倦怠感，坚守就变成了苦役。要做到不懈怠，就要不断往深处、细处去创新。

我在课堂上站立了三四十年，仍然盼着快些开学，好去给学生上课。我盼着快些看到学生们的新日记、新作业；听到学生们的新见解、新建议；观察学生们的新笑容、新眼神；当然，也渴望向学生们展示我的新教法、新导语、新设计、新教案。

盘锦一中校长范宝丰，当了 8 年“一把手”，教了 8 年物理课，越教越爱教，还当上了班主任。大家说他讲课上了瘾。他把这种上课的幸福感传递给老师，爱课堂的老师越来越多，终于，一所后进学校变成了先进学校。

二中校长吴献新，也觉得只教语文课不过瘾，便带头当起了班主任。老师们以他为榜样，去发掘教课带班的新乐趣，因此，学校充满了勃勃生机。

二十多年前，我提出校长进课堂的常识时，有的校长还不理解，现在，盘锦市越来越多的校长在课堂上发现了广阔的发展空间，不断产生科学办学的灵感，感觉到课堂就像自己的精神家园。

校长加深对课堂的爱，也激励了教师们对学生的爱、对课堂的爱。盘锦市经济技术学校教师张海英，计算机技能精湛，教育局领导商量要调他到局机关工作。“经校”是一所中专，坐落在大洼区田家镇。一下子从中专教师到局机关当干部，从城郊到市中心上班，按正常的眼光来看，是一件求之不得的大好事。可张海英婉言谢绝了局领导的好意。他感觉在课堂上当计算机学科教师比去教育局有更广阔的发展空间，他愿意继续坚守在普通中专的课堂上，继续在教学细节上不懈努力、追求探索、改革创新。天道酬勤，他的学生参加全省全国的比赛时不断摘金夺银。2010年元旦，省政府网站发布好消息——张海英老师代表辽宁省参加由人力资源和社会保障部、团中央举办的全国职业技能大赛，获得了计算机项目第一名。

我们盘锦市就是靠着许许多多像范宝丰、吴献新、张海英这样的爱课堂、爱学生、从细节入手、不断创新的校长、教师，教育工作才脚踏实地、一步一个脚印地朝前发展。

不懈怠、要发展的主阵地在课堂上，课堂教学的重点是落实“十条要求”，“十条要求”的重点是第二条：每堂课，每位同学都要有适合自己的学习目标。师生产生松懈感、倦怠感，常常是因为发展目标出了问题：或是发展目标过高，让人望而却步；或是目标过低，让人松弛懈怠；或是只重视教的目标，没重视学的目标；或是大部分学生有目标，小部分学生没目标。

45分钟的课堂像一个宏大的世界，教师要引导学生主动“择业”，千万不要让学生“待业”。要树立选择的观念，让能飞的飞，能跑的跑，能走的走。能持之以恒地朝着自己的目标向前爬，也比没有目标、“失业”、“待业”强得多。要引导先进学生不断超越自己，从而没有时间骄傲；引导后进学生“大事做不来，小事赶紧做”，从而没有时间自卑。教师板书要有新设计，语言要有新节奏，写字要有新突破，教案要有新改进。这样，一堂课下来，师生都会在发展中享受到创新的幸福。

其实，盘锦市每一位老师，全中国每一位老师，都曾上过成功的课，都曾享受过课堂上师生共同发展的幸福。问题的关键在于我们要坚守住成功的阵地，决不懈怠，一点一点、一寸一寸地拓展成功的阵地。

不折腾

咱们国家建国后，1966年的“文化大革命”，运动不断，折腾了十年，经济到了崩溃的边缘。

改革开放以来，一个中心，两个基本点，决不动摇，决不折腾，目前，GDP 总量已增长到世界第二。

一个地区、一所学校、一位老师，要科学发展、良性发展，就必须防止折腾。

我们必须学习新理论，但要防止陷入概念的折腾之中。关于什么是“素质教育”，就有五十多种复杂的解释。其实，不管怎么解释，我们大家都明白，就是说了几十年的“老老实实贯彻党的教育方针”。

我们需要学习外国经验，但不能一阵子学习凯洛夫，一阵子学习赞可夫，一阵子学习布鲁姆，一阵子学习布鲁纳；刚学了半年芬兰，又忙着模仿丹麦；刚照搬一点德国职业教育的皮毛，还没来得及深入研究，又忙着考察日本的技能培训……似乎在不断创新，实质是在来回折腾，浪费时间，消耗成本，这样做不仅难有收获，而且会贻误工作。

我们必须虚心学习外地、外校的经验。我们多次组织校长、教师到全国各地学习，每年都多次请专家、学者到盘锦讲学。仅 2009 年，我们就先后邀请著名学者顾明远、朱永新、郑日昌，著名校长、教师李金初、李希贵、程红兵、秦培元、崔其升、吴国通、刘永胜、窦桂梅、吴正宪到盘锦为我市校长、教师讲学上课。专家、名师的报告使我们净化了灵魂、增强了信心、开启了智慧。感动、激动之后，我们应该怎么行动？千万不能离开自己的实际，全盘照搬先进校长、教师的经验。因为照搬的结果是一轮又一轮的折腾，既会伤害自己，又会给先进经验抹黑。

我们生活的时代的特点是发展提速、结构调整、体制转轨、利益重组，工业化、信息化、市场化、城镇化、国际化带来的评价体系多极、评价标准多元。面对信息骤增、知识爆炸的现实，我们必须开放胸襟，广泛学习国内外新理论、新经验。既要学习又要防止折腾，还是要做到前面说的三个守住：守住民族传统常识，植根于几千年中华文明的土壤；守住新中国师生的经验，植根于社会主义建设的土壤；守住自己的优点长处，植根于自己心灵真善美的土壤。等根茎深了，充满生命活力了，再广泛吸收国内外有利于自己抽新枝、长新叶的理论和经验，把人家的理论和经验当成自己的营养和水分去吸收。这样，既能守住、发展自己，又是赞扬、肯定别人。

单讲一个大课间，除了统一的广播体操外，我们要求各校自编一套学生喜闻乐见的运动项目。有的学校编秧歌，有的编武术，有的跳竹竿，有的跳皮筋，有的舞彩圈，有的甩红绸，八仙过海，各显神通。各校立足自己的项目，学习人家的长处，微调自己的动作，越做越好，越做越精。全校师生一起参加大课间活动，成为一道亮丽的风景。如果迷失自我，到处学习人家来回折腾，就将一事无成。

我们坚持培养学生的自我教育能力，坚持培养学生的自学能力，坚持培养学生的八个学习习惯，决不折腾。尽管我们这么多年没搞过一次中小学统考，2009 年我们还是取得了平均每百万人口就有 6000 人考上大学，其中 4500 人考上本科、18 人考上清华北大的好成绩。

既然培养学生的自我教育能力、自学能力、八个学习习惯做对了，就决不能折腾。还要学习国内外的先进理论、经验，不断在细节上充实完善自己，从而做得更符合学生的利益，更符合教育规律。

导致折腾的原因，常常是急功近利，急于求成，脱离实际，盲目拔高，自我膨胀，浮夸造假。

我认为，搞教育要永远守住平常心，只有局长、校长、教师守住平常心，学生才容易守住平常心。要一辈子为追求公平、正常而做一件又一件实实在在的事情，不要对别人不公平，不要希望别人不正常，也不要让自己不正常。

即使成了最伟大的科学家、艺术家、政治家、企业家，也还是要一天一天过日子，一件一件做事情，把自己的管辖范围治理得更公平、更正常。智慧越高的人越反对折腾，越明白“平常心是世间大道”。

我们国家千千万万正直的科学家、企业家、艺术家、工人、农民，走的其实都是一条不动摇、不懈怠、不折腾、自由发展、科学发展的人生道路。

建议校长、老师们，进入松静匀乐的状态，把注意力集中在建设人才强国上，守住民族、国家、自身的长处，不动摇，不懈怠，不折腾，自觉主动，科学发展。这样，我们的民族复兴、强国之梦就一定会在新中国成立一百年时实现；我们每一个教育工作者、每一个学生，每时每刻就都能享受到“学习、工作、尽责、助人的快乐”。

魏书生

2021年7月2日

语文教学

培养听说读写能力

陶继新：20 世纪 80 年代，您的语文教学改革已经响彻整个教育界。有的人认为，您是在波澜不惊的语文界投放了一颗“原子弹”。几十年过去了，全国很多语文教师依然在学习您的教育思想与方法。这种持续不衰的学习的主要原因是什么呢？

魏书生：咱们知道自己这样做很舒服，很快乐，于是就这么做了。我还是喜欢简化形式，直奔内容。说来说去，归根结底，语文教学其实就是培养学生的听说读写能力，要抓住这个核心。而能力的养成自然要靠行为。一两次听说读写行为不可能形成能力，要说了算，定了干，一不做，二不休，不怕慢，只怕站，绳锯木断，水滴石穿，日久天长，形成习惯，习惯形成品质，品质决定命运，自然能力就形成了。所以，我是在听说读写的行为上做工作。

陶继新：您是真正悟出语文教育奥秘的教育家。不管有多少“创新”的方法，听说读写永远是语文教育绕不过去的坎儿。叶圣陶先生说过，语文教学的根在听说读写，是听说读写之内的挖掘与创新，而不是游离于听说读写之外的花样翻新。现在，语文教学的“创新”之举越来越多，可是，如果将听说读写这个“根”斩断，就不可能培植出语文学习中枝繁叶茂的参天大树。

听

魏书生：如果我们对语文活动、语文学习进行认真研究的话，就会认同这一“常识”——只有在实践活动中，“语文能力”才得以训练，才能形成。也就是说，教师教语文，单教语文书是不够的，还要为学生另辟战场让他们进行大量的听说读写的实践活动。比如，要有意引导学生收听广播里的新闻与欣赏类节目，在这种听的过程中，学生可以学到很多有用的东西。

陶继新：您所说的“常识”，一般老百姓都明白，可是，不知道为什么到了语文教学上，一些教师就糊涂起来了。一个婴儿出生之后，并没有专门的老师教其学说话。可是，等到他五六岁的时候，就已经能熟练地说自己国家的语言了。为什么呢？因为孩子出生之后，就掉到本国语言的汪洋大海之中了，几乎天天在听人说话，听得多了，自然就会说了。那么，如果让学生多听一些优质的语言，他们自然就能说出标准的话来。您所说的让学生收听广播，便是一种很好的方法，因为广播里所讲的语音标准。如果再选择听一些有品位的节目，孩子们听起来不但会如痴如醉，还会潜移默化地学到优秀的文化。时间一长，他们的“语文能力”自然就提高了。

记得我在农村的时候，整个村里没有几本书，我千方百计借来阅读，却难解阅读之渴。那个时候没有什么电视，一个大队只有一个喇叭，几乎天天在响着。虽然多为时政报道，但有时也会有一些文艺欣赏等节目。这个时候，如果不是在干队里的活，我就会站在原地不动，静静地听，生怕漏掉一个字。可以说，当时广播是第二本“书”。农村文化生活贫乏，偶尔村里来个说书的，我就一定去听。民间艺人的语言有其独特的个性，听起来很有味道。有人说我的语言不错，想来与听有着很大的关系。

现在，听的载体多了，也高级与方便了，所以即使如我者，听的也多了起来。比如我通过喜马拉雅听了很多世界名著，散步时、宾馆里、火车上等都可以听。甚至在写书的时候，也可以“伺机”而听，比如在2020年疫情期间，我在撰写《陶继新〈论语〉心悟》一书时，每天也听两三个小时的世界名著。我写作的时间只在每天的上午和下午，中午和晚上散步的近两个小时，以至早饭之前与晚饭之后散步之前的一两个小时，全是通过喜马拉雅津津有味地听世界名著，就是在这近一个半月时间里，我连续听了两遍苏联著名作家、诺贝尔文学奖获得者帕斯捷尔纳克的《日瓦戈医生》，听了德国著名作家、诺贝尔文学奖获得者赫尔曼·黑塞的《悉达多》和《在轮下》。随后，又听了美国著名女作家玛格丽特·米切尔“十年磨一剑”而写的长篇小说《飘》。这些世界名著底蕴厚重，把我兴味盎然地带进了另一个神奇的世界。这个时候，不可能再想书稿的写作，所以，不但不累，反而常常处于精神享受之中。这样在写间听，在听后写，不但不会有半点劳苦之感，反而会时时处于愉悦之中。同时，这些名著的语言之美，还会在不知不觉中，优化自己的语言，以至再写书稿的时候，只要有了思路与素材，就会随即形成文字，除了一时笔误的错别字之外，几乎无须再行修改。从这个意义上说，这一本书的写作，还让我拥有了“听写相长”的收获。如果诸君以后写书，我的这个小小收获，也许能给你的写书增添不少乐趣乃至助益。

说

魏书生：一上课，同学们好，老师好，然后坐下来，干什么？口头作文，高高兴兴，随随便便，自自然然，想说什么就说什么。我随意出一个题目——“预测南非足球世界杯成绩的章鱼是真的还是假的”“法国队为什么早早回去了”等，这些话题谁都喜欢谈，而且大家有不同的谈论角度、不同的思维、不同的层次。你可以随随便便谈自己的看法，都在那儿七嘴八舌，谁也不管谁，这种情况下，人们最容易袒露真实的自我，因为谁也不知道别人说得怎么样，别人也没有关注你说得怎么样。

陶继新：说是一种必备的素养，如果不具备，人就无法立足于社会。可是，我们的义务教育，却没有给予学生足够的说的时间与空间。这当是语文教学的一个缺失。人的任何能力，都不是凭空生成的，都要经历一个训练的过程。您让学生练习口头作文，就是训练学生说的能力的一种有效的方式。如果说得自然通畅、言之有理，整理成文，就是一篇不错的作文。而且，在说的能力不断提高的过程中，学生的自信心也会不断地提升。而自信心的提升，反过来又会促进学生对说的兴趣。这种良性循环，会让学生说的能力达到一个较高的境界。

您 2010 年 11 月底到济南讲课的时候，我曾送您一本《跨越中英两国的教育机智——陶继新与老咪的心灵对话》。其实，老咪只是一个 26 岁的女孩。初中二年级的时候，老咪就在青岛大学作了一场题为“生而知之与学而知之”的报告。这几年，老咪曾应邀在全国性的大会上作过报告，她的话被听众视为从未听过的智者妙语。她之所以具备如此好的说的能力，与她爸爸王辉湘从她小时候开始的有意培养是分不开的。

老咪学会走路之后，王辉湘便让她到大自然中去观察领略天然的秀美风光。空闲时间，他总要带着老咪去英雄山散步。老咪对白云悠悠抑或星光灿烂的天空、葱茂青翠的树木、啾啾低吟的虫子、嘤嘤浅唱的鸟儿等，都产生了极大的兴趣。于是，王辉湘指导老咪细察所看之物的特点，并环绕这些特点形成一个父女俩共同议论的话题。老咪想象奇特，用优美的童音描述着她眼里的审美客体；爸爸则与女儿一唱一和，将观察后的思考引向深入。他们俩还常常针对植物的不同形态，进行有声有色的比较分析，感受大自然的奇妙无穷，述说比较后的同与异、外在形态的生动与内在心理的空灵。因为在老咪看来，所有的植物都是具有灵性、思想与感情的，所以，她与爸爸对话，也与植物对话，与世上万物对话，描述它们的形态，透视它们的心理。一张灵巧的小嘴，总似黄莺一样不停地歌唱；而王辉湘，则异常兴奋地为这歌唱而歌唱，而激赏。

老咪不仅观察植物，发表议论，而且对动物、人、事等，也满怀兴趣，有见必说。所以，在爸爸的“怂恿”下，老咪未曾入学便有了出口成章的本事。

今天的老咪更是非同凡响。2020 年 12 月中旬，在河北省衡水市冀州区信都学校所举办的“第十二届名家人文教育高端论坛暨名师课堂研讨会（中学）”上，她所作的讲座题目是“童心即天心 ——易学启蒙的探索与实践”。所谈的问题虽然相当深奥，可她讲得深入浅出，且有理性光芒与文学的色彩，让听众大开眼界，惊诧于何以能有如此美妙的即兴之言。不过，如果读者能够看到我上面所谈的她爸爸从小对她口头语言的训练，也就知其原因了。当然，如果没有从小就背诵中外经典的功夫，今天之说，也不可能抵达如此之高的境界。

其实，咱俩合著的三本书，从本质意义上说，也是说的产物，每天说一本书，三天说了三本书。只不过通过录音转成文字之后，我们做了一些修改而已。而且，我与教育部王登峰司长、百家讲坛主讲人王崧舟、空海法师等，也用说的形式出了书。

我在由齐鲁书社出版的《培根铸魂话经典：王登峰、陶继新对话录》的后记中就写下如下一段文字：“我是一位智力平平，从小没有读过多少经典，30 岁才考进济宁师专的人，而与曾任北京大学党委副书记的王登峰司长对话，真的是有点儿自不量力。好在王司长非但没有居高临下的傲气，反而十分谦虚而又真诚地与我交流。所以，在北京网易演播室里我们对话的整整一天里，自始至终，我也就有了一种从容的心态，更没有中断卡壳。王登峰司长不但是一位政府官员，而且还是北京大学博士生导师，是真正意义上的教育大家，在他即兴谈论经典诵读的时候，纵横捭阖、大气磅礴，而且妙趣横生、极有品位。也许正因如此，他不时激活我的思维，让我的灵感频频闪现，于是，也就有了与之相应而生的话语。此后，我们根据北京网易演播室提供的录音文字稍做修改，便有了这本书的基本内容。”

读

魏书生：天天这么练，每天都练说的能力，说的能力在这种训练中，自然就会提高。教材，是很难训练出人的读的能力的，必须有一定的量。必须每天读课外书。这点教材，特别是牵着鼻子走的教材，是很难训练出人的读的能力的，必须有一定的量。我说咱们班学生，每天都要读课外书。1979 年我们班就有图书箱，有图书管理员，所有人天天都看，那届学生平均每人看了七十多本书。

我 31 年如一日，对学生说，只要我教你一天，你就得看名著，在哈大你看过哪几本书？跟我一说，我说你悲惨不悲惨，那叫什么？那叫书？那叫灰色文化！有的人弄了一大堆快餐文化，还自以为看过东西。就装一脑袋垃圾文化，东一头，西一头，乱糟糟的，全是基本没用的东西，全是一堆垃圾。我说你烦不烦？你躁不躁？你浮不浮？你能不浮吗？怎么能不浮躁？很多大学生活得非常悲哀！他如果让快餐文化牵着鼻子走，让垃圾文化牵着鼻子走，他自己都会瞧不起自己，觉得自己活得不像人样。他说，老师，我也没办法，我打开电脑都是这个。我说，一定要看比较有分量的东西，魏老师教你一天，你就得把中外名著放到桌上，将来拍着胸脯说那本名著我看过，还不止看过一两遍。“腹有诗书气自华”，不是说把所有的书装到你的脑子里，你就“气自华”了，得是有分量、有档次的书。

谁负责承包？刘阳负责承包检查，大学生也得检查，不检查也傻乎乎的，虚度光阴。我问学生，看了感觉怎么样？老师，挺好的。有时间就读 20 分钟、30 分钟，没有时间一两分钟也要翻一翻，感觉绝对不一样。我读的习惯，31 年如一日。有人说，魏老师，你 31 年如一日往黑板上写格言，从 1979 年写到现在，一天一条，一天一条，将有分量的、能经得住历史淘洗的话，天天写一条，你有时间管？我说我闲得，管这点破事！谁管？我们班许娜同学承包每天往黑板上写一条格言，一天一天地过来了，你说同学们读了多少经典啊！

陶继新：我上小学和初中的时候，教学与学习的内容只有课本，图书馆对于我们这些乡村学校的师生来说，那只是一个遥远的梦想。记得上初中时，一天，学校来了一位姓柴的语文教师，他带来一部《三国演义》。这对一向喜欢语文的我无疑是一个巨大的诱惑。几经努力，终于借阅到手，如获至宝。连续数日，即使上课时间，也多沉浸于阅读《三国演义》的奇妙快感中，以至于某些精彩的段落，还背诵了下来。遗憾的是，这样的好事在整个初中阶段一去不复返了。现在则大不一样了，休说大城市，即使偏远的乡村，也有书可读。

不过，我觉得学生平时学习相对比较紧张，读书时间有限，为了让他们在读的过程中有较快的成长，最好不要让他们读那些思想与文化品位比较低的书刊。现在图书、报刊越来越多，这对丰富学生的文化生活会起到一定的作用。可是，正是因为其丰富，就不免出现泥沙俱下、鱼龙混杂的现象。如果不进行选择，就可能看到文化垃圾，非但吸收不到优质的思想与文化，还可能因为“近墨者黑”而降低自己的思想文化品位。如果读到一些坏书，甚至可能步入歧途。所以，读书与交友一样，要择善人而交，择善言而听，择善行而从。

魏书生：有的人读了一些不好的书，就等于脑子里装满了垃圾。

陶继新：是的，有的人读的实质上就是垃圾书。所以，我有一个观点：读书要尽可能地“取法乎上”。因为“取法乎上，得乎其中；取法乎中，得乎其下”。以前有一个熟人见到我，很不可思议地说：“二十多年前，我比你学历高，也比你知识多。为什么今天我们有了这么大的差异，甚至我要仰视才能看到你？”我说：“我读了二十多年的书啊！”他说：“我也读了二十多年的书，并不比你读得少。”我问他：“你读的都是什么书啊？”他一说，我才知道，他读的都是三流四流作家的作品，其中很多都是文化垃圾。尽管有的比较有情趣，可是，思想文化含量非常低。我对他说：“我读的书也许并不比你多，可是，这二十多年来，我读的绝大多数都是世界大师的书。尽管直到今天，我与世界大师之间还有很遥远的距离，可是，这二十多年来，我几乎每天都向世界大师靠近了一点点。”

现在的学生所读的书，甚至不少老师所读的书，从总体上说，品位并不太高。这当是制约学生与教师快速发展的一个大问题。有的时候，读书并不在于你读了多少书，而要看你读了多少好书。大教育家孔子，他为什么“述而不作”？因为他感到前人留下的书已经相当好了，甚至他认为都有点多了，所以，他对存于民间的几千首诗逐一研究，进行删削，只保留了305首，即现在我们所看到的《诗经》。他为什么要选择删削呢？因为他要选取思想与文化品位都好的诗，让读者吸纳优质的精神食粮。所以，才有了“《诗》三百，一言以蔽之，曰‘思无邪’”的纯净之美。那个时代的书并不太多，任何人都不用花太久的时间，就可以将之全部读一遍。而且，那些都是有品位的书。所以，那个时代出了很多在世界上都有影响的大思想家与文学家。因为读最好的书，就等于在听未曾谋面的大师讲课，在向其学习生命的智慧。读得多了，你不提高都是不可能的，不发展也是不可能的。

这让我想到了鲁迅先生，在鲁迅先生写过的“三味书屋”的墙壁上有这样一段解说——“读经味如稻粱，读史味如肴馔，读诸子百家味如醯醢，三种体验合称为‘三味’”。写有“三味书屋”的横匾的两旁悬挂着一副木刻的对联：“至乐无声唯孝悌，太羹有味是诗书。”可见，“三味书屋”的“三味”，正是寿镜吾先生的祖训：布衣暖，菜根香，读书滋味长。后来，这还成了三味书屋的馆训。无论哪种解说，都在强调读书滋味深长。由此可见，鲁迅先生当年是在学养深厚的环境中读书的，而且读的都是高层次高品位的书。

以前，曾有一个朋友在邮件中给我发来一则文章，我看后很是感慨——

一百年前的小学课本的启示

一个偶然的机会，我见到了一套百年前的“女子高等小学国文”教科书，这套书编于1914年（即民国三年）。那时帝制刚刚结束，旧式的私塾教育尚未完全废止，而城市已开始了新式学校教育。当时的小学教育又分初等小学（“初小”）、高等小学（“高小”）。前者为一至三（或四）年级，后者指四（或五）至六年级。

这套“国文”（今天叫“语文”）教科书共六册，供高小三年六个学期使用。此书有三大优点：一是课文内容极为丰富，二是编撰理念十分先进，三是文字深度远胜今天。

六册书每册40课，共240课，内容无所不包。传统文化自然要占重要一席，篇目包括《礼记》《左传》《战国策》《论语》《孟子》，以及历代名家诗文。还有一些涉及西方历史文化的篇目，引人注目。

又有大量课文广泛介绍各类知识，以扩展学生眼界。像《国文》《文字》《小说》《诗歌》《书信》《阅报》等，意在介绍一般的语言、文体知识。更让人感到惊讶的，是一些介绍经济学常识的课文，如《赋税》《国债》《资本》《公司》《保险》《专利》《通商》《国货》《币制》《股份》《慈善事业》，等等。

在第一、二册中，竟然还有《佛教》、《道教》、《回教》（即伊斯兰教）、《基督教》四篇课文，每篇不过二三百字，简要介绍该宗教的创始者、教义、传播、影响等。

鲁迅小时候读的书，多是高层次的古代经典。我们现在的不少大学生，乃至研究生，有些对此竟漠然无知，却异想天开地做着文学家的梦。所以，在让孩子挥洒天性之时，切勿错过培养其成才的最佳时段，切勿忘记让其吸取高层次的文化精神营养。

我曾思考过这样一个问题：从公元前551年孔子出生到1949年中华人民共和国成立，这2500年间，中国能够正规入学学习的人，未必比从1949年到现在入学就读的学生多。新中国成立之初，中国只有4亿多人，再往前推，就更少了。而有的年代，只有几千万人。先秦时，只有几百万人。况且，那个时候，一个村，甚至几个村，都没有多少读书之人。现在，读书的人虽然多了，却出现了一个怪诞的现象：新中国成立之后，中国学子成为世界级大思想家与文学巨人者寥寥无几。这种现象不能不令我们深思。而中国古代每一个时代，几乎都产生了让世界瞩目的大思想家、文学家。从春秋战国时期的孔子、孟子、老子、庄子、荀子、孙子、屈原等一大批大思想家、哲学家、文学家、军事家，到帝制王朝的最后一个朝代清朝的大文学家曹雪芹，他们无一不是世界级的大师。那时候还没有苏霍姆林斯基，也没有布鲁姆和布鲁纳，即使有，也因国域之隔而无法学习其精妙的教学方法。但是，我们的先人造就了一批又一批大文学家、哲学家、思想家、教育家。这种悖论的出现，是应该引起教育界人士足够的注意了。为什么会出现这种令人感到不可思议的事情呢？我想，造成这种现象的原因有很多，其中可能有一条，就是中华优秀传统文化传承方面出现了问题。让人欣慰的是，现在全社会对中华优秀传统文化都越来越重视。2021 年 2 月，教育部印发《中华优秀传统文化进中小学课程教材指南》，为学生成长培根铸魂。

可是，也有家长担心让十来岁的小学生学习文言文，他们会不会学不懂？其实，这种担心是多余的。小朋友的脑子里面没有“难易”的差别，只有“多少”的差别。“四书五经”那么难，以前的学子都是在学前启蒙时就先背会了。就像我背诵了一些高层次的书后，写起文章来，感到有很大进步；说起话来，也多是言能及义了。所以，我也希望自己的两个女儿背诵经典。她们一个是山东大学文学硕士，一个是中国传媒大学电影美学硕士。可是，在学校所学到的东西毕竟有限，特别是对于经典没有太多的背诵。于是，我要求她们背诵经典。她们虽然答应下来，却总是坚持不下来。于是，我采取了一个办法——设立“家庭奖学金”。《论语》全背会了，奖励一万元。有人说，陶老师，你真有钱。其实，关键并不在这里。她们两个结婚时，我分文未给。不是没有钱，而是觉得不应该给。她们已经长大了，能够自食其力了嘛。可是，背诵了经典，是可以给钱的。一个人若真想发展，没有经典的支撑是不可能的。所以，我就对她们采取了“家庭奖学金”的激励方式。《论语》一共20篇500章，我对她们说，背一篇奖励现金500元，经我检查通过后，即可兑现奖金。结果，两人各拿了一万元的奖金。背诵老子的《道德经》奖金是4500元。为什么呢？因为《道德经》一共八十一章，九九八十一，即背会九章就给奖金500元。于是，她们又各从我手里拿到了4500元奖金。而《周易》呢，我是这样规定的，背会《说卦》2000元，《序卦》2000元，《杂卦》1000元，《系辞上》和《系辞下》各2000元，同时，从《乾卦》到《未济卦》的背诵，都规定了相应的奖励数额。我对她们说，我不会给你们找好的工作，也不会无故给你们多少钱；可是，我希望你们积累一大笔文化，从而实现文化升值，这比银行存款升值有更高的含金量。

我的两个女儿背诵了经典之后，已经充分感受到了经典的无穷魅力。特别是大女儿，她是研究家庭教育的，目前在全国很多地方为家长讲课，反响非常好。因为她不仅阅读了几百本有关家庭教育的书，不仅有教育自己女儿的实践经验，而且还有一般家庭教育专家不具备的优秀传统文化经典的文化积淀。我认为，这是一个人的内功。一个人如果有了内功，做任何事情都会有定力，其身上积蓄的能量也就会从内在流向外在，于是，收获丰硕成果就成了自然而然、水到渠成的事情。

写

魏书生：我让学生天天写一篇日记，从1979年写到现在，31年如一日，地球自转一圈，就写日记一篇。有人问，魏老师，你有时间检查？我说我闲得，管这点小事！谁管？我现在教的班，孟阳同学承包检查日记，一个人管就行了，管不好就换一个，管累了，再换一个人管。干吗非得老师管？要让学生感觉到写日记真好。

我对同学们说，我们有写日记习惯的请举手。我今年刚教的这个班，不到三分之一，悲哀不悲哀！学业有这么紧？没这么紧。一天一天日子过去了，大量的时间干什么了？我说，从我教你这一天开始，一天写一篇日记。地球自转一圈，就写日记一篇，写的能力只能在写的实践中形成和提高，舍此之外别无他途。作文绝不是老师讲出来的、教出来的，就是在写的实践中思考出来的。有人实在懒：老师，我没东西写怎么办？我说，没东西写也别闲着，也得写。我没话说，写什么？我说，你就写“今日无言”，停下来可不行。我问学生，我教大伙儿多少天了？老师，66天了。我说，我忘了看日记了，你的日记写了吗？写了。真的？真的。有没有没写的？没有。孟阳，你是承包检查日记的，你查了吗？查了。都写了，没有落的？真的没落的。我说，那好，这堂课教学任务不重，我不讲课了，大伙儿自己整理课堂笔记，把66天以来的日记全都打开，我这堂课检查日记。大学生也检查？有的人说，要给学生自由。我说不对。待会儿我再说。教育就是对人进行训练。

其实，整个社会都在训练人，训练大脑的网络。教育就其本质意义而言，就是训练人的大脑思维网络。你训练他正的、积极的、向上的、勤奋的网络，这个人活得就像个人样；你训练他黄色的、赌博的、要钱的、吸毒的网络，这个人就不是个人，这不是很简单吗？人性中一直都有善和恶这两个方面，所有的人都是一切社会关系的总和，这是铁的法则、最简单的常识。怎么让人的思维发展，领导人们向积极向上、勤奋的方向发展？这是老师的责任，也是社会的责任。我说，我检查日记，大学生也得检查。你们承认不承认你们也懒？检查与不检查绝对不一样。我说，你看看人家张思嘉的日记，人家跟咱们过一样的日子，你看人家日记写了多少，这么大的日记本，每一篇都密密麻麻的，每天写一页多，一日，两日……大伙儿一块数，都震惊了：老师，他咋这么多话？我说，再往后看，还有呢，这篇写了多少？一页，两页，三页，两三千字。

我说，同学们一样过平平常常的日子，做平平淡淡的事情，人家张思嘉却做出了这么多学问，看出了这么多细节，看出了这么多丰富多彩的东西，看出了这么多发展的空间，看出了这么多生活中的美好和快乐，他的精神生活能不丰富吗？他能不进步吗？他能不热爱生活吗？咱们过的都是平平常常的日子，都是平平淡淡的日子，我们在座的同学最要紧的就是在平常中感到快乐，在平淡中活得有滋有味、有声有色、如诗如画。你看，哪篇日记都这么热爱生活，都这么热爱听说读写，都这么热爱校园里的每一个角落，这么去观察，他怎么能不幸福？他的生活充满诗意，充满哲理，充满充实感和自豪感。我说，老师绝不是逼着大伙儿写一篇日记就完事，那是做人的最基本的事。

有一次，我说，有一个同学，不说是谁了，以后不许这样，咱们见面不久，批评你不好。哪有连续两天写日记都写“今日无言”的？

第二天你至少换成“今天没话说”，那才有点变化，有点诗意。后来这个孩子也变好了。大学生也这样，你不抓他，他也懒得很。特别是一旦他不考研了，大学的日子更是在荒废，荒废完了，如果你自豪，你幸福，你快乐，也可以，可往往荒废完了，你自己都瞧不起自己，恨自己，谴责自己，觉得活得不像个人样。我说，我是在逼你，是难了点，给魏老师当学生，是多读了，多说了，多写了，多看了，但是苦过之后，你品尝一下，会有一种自豪感。我就是这样教学生的：听起来，读起来，说起来，写起来，天天做，31 年如一日。折腾什么折腾？哪有多少奥妙？

陶继新：写日记比起写命题作文，学生更加喜欢。因为写命题作文的时候，学生不一定有话可说，巧妇难为无米之炊嘛！非要为“炊”，就只能生编硬造。而写日记则不然，学生可以袒露心迹，有话则长，无话则短；由于真，所以，也就有了相对充实的内容。而学生一旦喜欢上写作，就不会感觉太累，就不会感觉这是一件苦差事，甚至有快乐的感受。心之所想，笔之所触，生成文字，当然就有自豪感，也会更有自信。您的学生写起日记来为什么如此得心应手？关键是多练了就必然会写，以至熟能生巧，发现了写作的奥妙。

一个人的语文水平，不是靠学习语文教科书上那些课文就可以提高的。叶圣陶说，教材无非是个例子。但现在有一个很大的问题，就是语文教师教的就是那个“例子”，而没有扩而广之，没有让学生阅读大量课外的好书，也没有让他们进行大量写作练习。所以，不少语文教学，已经走进了死胡同，没有了生命张力。看来，语文教育说复杂也很复杂，说简单也很简单。如果得其精髓，就很简易；如果能做到您所说的紧紧盯住听说读写，就能培养出高水平的语文能力来。

多少年来，关于语文教学的争论一直热度很高，诸多流派的争鸣也是一浪高过一浪。结果是有一些老师迷失了方向，以致“不知有汉，无论魏晋”。而现代信息技术的介入，虽然让语文教学呈现出新异与热闹的景象，可过犹不及，某些课堂上花里胡哨的图片与声响交互视频的过多插入，转移了学生学习语文的视线，让属于语文的本质内涵悄然流失。

于是，人们在叩问，语文课究竟该怎样上？

中国小学语文界有被称为“四大金刚”的四位极其优秀的语文教师，其中有一位道德文章俱佳的于永正老师。他健在的时候，我与他的交往颇深，并以“本立而道生——于永正老师的仁者高格与智者风范”为题写了一篇长篇报道。在谈到语文教学时，他认为，应该拨开那些虚幻与迷乱的云雾，还原语文教学简约通达的本色，让小学语文教学走向属于它自己的轨道之上。

于永正老师并不反对现代信息技术在课堂上的应用，可他认为，要因人而异，因课而异，用得恰到好处。不是媒体手段用得越多越好，而是要始终不离语文本色，简约自然，才能让语文课堂摇曳出其真与美的光芒。

听过他很多课，依然是一块黑板，一支粉笔，可每每都上得出神入化。学生在他的引领下，快快乐乐，却学到了必需的语文知识与能力。

关于语文教学与语文学习的核心内容到底是什么，可谓众说纷纭，莫衷一是。为此，不少专家学者撰写了一篇又一篇的论文，出版了一本又一本的著作，条分缕析，旁征博引。但有的时候会出现一个让人匪夷所思的悖论，越读这些论文与著作，越会让你如坠云雾之中，甚至连怎样上课都心中无数了。

于永正老师认为，语文教学没有那么复杂！关键只有“读写”两个字；如果再多说一下的话，就是“多读多写”四个字。

那么，如何读？读什么呢？

老子说：“人法地，地法天，天法道，道法自然。”于永正老师认为，“道法自然”当是读书的最高境界。

不少学生读课文时，往往是拖着长音，给人装腔作势的感觉。于永正老师认为，这在无形中破坏了文本的生态系统，将原本自然的语言异化成极不和谐的乱谱，甚至连文本意蕴也在这种“歪读”中失去了本真之美。

听于永正老师范读课文，宛若在与你面对面地娓娓叙说，亲切自然中，让你情不自禁地走进文本之中。无须过多的解说，文意已融化在学生的心里。

有些文质兼美的课文，尤其是那些千古绝唱的古代诗文，不但要求学生熟读成诵，他本人更是背得滚瓜烂熟。

于永正老师认为，优秀的语文教师要在课堂上教会学生如何读课文、背课文，“行有余力”者，再多读多背一些课外的经典诗文。但要有老师的引导，因为当今图书报刊的质量优劣大不一样，如果所读书的质量不高，就有可能误入歧途，甚至步入“白沙在涅，与之俱黑”的尴尬境地；只有读文质兼美的作品，才能真正提高学生的语文水平。

有了优质作品的大量诵读，写好作文也就有了顺理成章之势。恰如儿童作家曹文轩所说：“写作是支箭，阅读是把弓。”弓满箭才能射得远。

不过，读书与写作在逻辑上构成的关系并非充分必要条件关系，而是必要条件关系，即有之则未必然，无之则必不然。只有在读的同时，辅之以持之以恒的写作训练，才能让写作随着读书之多之优而“水涨船高”。

于永正老师认为，要想让学生多写作，老师就要多写作。叶圣陶先生所倡导的老师写“下水文”，于永正老师不但是积极的推行者，也是亲身的实践者。当老师与学生同步写作，且写得非常好的时候，不但可以在学生中树立起威信，还会让学生自觉不自觉地“学而时习之”。

于永正老师经常开玩笑说：“写，让我变成了一条猎狗，瞪大眼睛看世界，张开鼻孔嗅四周，竖起耳朵听动静。干什么呀？搜寻生活中的真、善、美呀！”当他将对教育与生活的观察思考形成文字并发表出来的时候，不但成了于永正老师的精神收藏，也播撒到更多的教育人那里，以至扩展到更多的领域，进而让人们自觉不自觉地“学而时习之”。

写作，又促进了于永正老师读书，两者并进，就有了于永正老师

“发愤忘食，乐以忘忧，不知老之将至”的审美情结，也构建了其大道至简的独特的教育风景。

读与写已经融进了于永正老师的血液里、生命中，并成为其不断超越的精神动力。

这并不是说其他所有的学习内容都无须过问了，比如写字、说话训练等，都很重要，于永正老师也很重视。不过，成就一个人的高素质语文水平的核心则是读与写。

如果再推进一点的话，不但要教会学生多读多写，还要让学生自觉地多读多写，进而形成习惯，并升华成一种终身读与写的能力。

我也像于永正老师一样，特别喜欢读书和写作，读的世界名著越来越多，发表的文章也越来越多，当然，我写的大多是与教育有关的文章。不过，散文也写了不少。当时尚未退休，没有现在如此繁忙。那时常常外出，每到一地，有见有感，便当日写成文字。没有雕琢，任思绪飘转，随即形成烙印着“陶氏”风格的游记散文。无意将其出版，只是不写不足以安抚那份荡漾在心中的感悟而已。后来，一位朋友对我说：“你出了这么多教育方面的书，可我最喜欢看的还是你的游记散文，为什么不出版呢？”我开始一愣，旋即对他表示了由衷的感谢。

翻开以前所写的游记，有些读来一如眼前，而有些感悟性的文字，似乎还很有味道。也许只有那一时刻那一地点的物象，才触动了我的灵魂，让我留下了这么多的情思交融的文字。即使全然写景的游记，也多有我的快乐之情在其间游弋，真的是“一切景语皆情语”

也。即使今天故地重游，也未必能写出先前的物象与意境。

我在游历的时候，只要有见有感，便在宾馆里、飞机上、火车上、轮船上等可以动笔写作的地方，记下了这一篇又一篇的游记散文。写作的时候，有时也会有喧嚣声，可是，当刚刚目触心悟的物象与感想进入我的脑海里时，就有了属于我的那份特有的宁静，作品也就快速且轻松地“出生”了。

尽管自然“出生”，却是经由我的手，特别是我的心才有了这一个又一个的“婴儿”，所以，它们身上也就流淌着我的情感，承载着我的思想，也就有了文化的符号。

正是因为自然，所以有些地方也就不可避免地多了一些粗糙。但是，我没有进行精雕细刻，那样也许文字会美一些，可是，那会破坏整本书的风格。同时，我特别喜欢老子的“道法自然”，尽管有粗糙，也是陶继新的，就让读者在我的作品中，感受某些缺憾，多看看我的缺失吧。

有的时候，在某个生命的节点上，人会有某种属于自己的那种独特感悟的，随之记下来，就会成为一份弥足珍贵的精神产品。

2003年8月2日，我和山东教育社的侯广泰、范宗武从玉门关前往雅丹魔鬼城。到了那里之后，我们从旅游站租了一辆吉普车。不过，车尚未开动，司机便严肃地告诫我们，不带足够的水进去，人会被烤个半干的。行至比较适宜观览的地方，他将车停下，让我们下车。不过，他随即又说，一般在这里停上一二十分钟就会把你们晒个半干，渴个半死！

我们虽没将司机的话当作耳旁风，但也没有当作多么严重的警告。他的话刚一结束，我们便快速地跳到车下，往南向雅丹地貌的腹地走去。太阳好像就在我们的头上，烤着整个大地，也烤着我们整个身子。地上的沙土是炽热的，雅丹地貌的“山”土是炽热的，包围着我们的空气是炽热的，偶尔有一丝儿风袭来，也是热气腾腾。虽然没有温度表，想来得有四十多度吧。走了一会儿，便想走到高一点的背阴处稍停片刻，然而那里也没有任何的凉意。这时候才想起司机的忠告，其实并非恐吓。这不是人类可以久处之地，甚至停上两三个小时，也会葬身热浪之中，即使耐高温的动物，在这里半天时间也会被晒死。

可就在这个时候，突然发现一种状如蟋蟀的黑色小动物，就在我们面前敏捷地蹦跳起来。如此“赤日炎炎似火烧”的地方，它竟然如此欢快而从容。大自然真的是不可捉摸！它对炎热的适应能力之强，真的是令人类叹为观止。也许因为看到这种动物的自然与从容，我们被烤得几乎“唇焦口燥呼不得”的时候，竟对它评论了一番，甚至由此多了一些勇气，非但没有知难而退，反而继续往里行走。我们三人几乎都想尝试一下作为万物之灵的人对于热气的承受能力，继续向纵深处走去。也就在这个时候，太阳的热浪更加强劲地向我们攻击着，让人觉得整个嗓子都干透了，甚至身上也被烤得没了水分。这时候突然想起司机临行时说的话：“在那个鬼地方，有的时候人是走不出来的！”但也就在这个时候，曾出现的那种小动物，在这个空旷得几乎只有天、地和我们三个人的时候，它竟然成了我们的精神支撑。走至一座小“山岗”旁，用手摸一下那黄褐色的土，这就是有几十万年历史的雅丹地貌之土吗？它经历多少人世沧桑，虽然从来没有对世界做过任何评价，但它却成了历史变革的见证者。这时候，才突然感到人类的渺小，在我们只有数十年最多百十年的生命历程中，从来没有它的这种坚韧，也没有它的这份从容，甚至还没有与它相伴的蟋蟀似的小动物的从容。悲哉，人也！

以上的文字，是我当天晚上在敦煌市敦煌大厦里写下的，而且写的还不止于这些文字，而是三篇近五千字的文章。当时就有一种强烈的冲动，这是“生命留下的诗意的足迹”，不写无法睡眠。所以，写起来文思泉涌，一气呵成。后来这三篇文章发表后，还引起了比强烈的反响。

就是那次的甘肃、新疆之行，让我留下了将近两万字的作品，而且全是晚上写成的。由于有了生命经历，有了心灵对话，写得都特别快。设想，如果我没有去过这些地方，或者去了没有这种感受，能写出这些作品吗？显然是不可能的。从这个意义上说，老师教学生写作文，也不能让他们闭门造车，也不能让他们瞎编乱造。所有没有经历，没有心灵律动写成的文字，都是没有能量的，甚至是有害的。

寓德育于语文教学之中

陶继新：每一个人都有向善的一面，即使犯了比较大的错误，甚至犯了法的人，也并不是一点儿良知都没有。教育的目的，就是要去假存真，弃恶从善。

魏书生：我给监狱里的犯人作过报告，一上台我就说，你们曾经都好过。他们哗哗鼓掌。

陶继新：明朝有一位大思想家、教育家、军事家、政治家，叫王阳明，他从生命经验中体悟出来的“灵丹一粒”“正法眼藏”，就是“致良知”。大哲学家康德也说过，世上有两样东西最使他敬畏，那就是头上的星空和心中的道德律。心中的道德律就是内在的良知。那么，什么是良知呢？正如王阳明所说：见到父亲自然知孝，见到兄长自然知悌，见到孺子入井自然知恻隐，此便是良知。良知就是天理，就是我们内心的源头。他说人人都有良知。禅宗也说：自性菩提，人人具足。每个人心中本来都具足，不要向外去寻，因而万法不离本性，只要识得自心本性，明了自性，就是佛。可是，有的人在某个时段丢失了真善美，他是不是就没有良知了呢？王阳明认为不是。正如有的时候太阳被乌云遮住了，你不能说太阳没有了，其实还有，关键是要将乌云驱散。所以，正念，多让其内在的良知显现出来。教师的责任，就是要尽力让学生多有正念，多让其内在的良知显现出来。

中国教育自古就承载着道德教化的使命，孔子教学的价值取向，就是培养有道德人格的君子。裴斯泰洛奇也说过："一生的生活是否幸福、平安、吉祥，则要看他的处世为人是否道德无亏，能否做社会的表率。因此，修身的教育，也成为他的学校工作的主要部分。"所以，如何在语文教学中更好地对学生进行思想道德教育，显然是值得研究的一个重要课题。在看您的作品、听您的报告时，我感到您对这个问题的研究与实践已经取得了丰硕的成果。您可否比较具体地谈谈如何寓德育于语文教学之中？

德育是语文教学的一项重要任务

魏书生：好的。我在实际工作中认识到，必须把德育列为语文教学的一项任务，只有完成了这项任务，语文教师才算是对学生全面负责，才算是对建设社会主义精神文明尽到了全面的责任。另一方面，单就传授语文知识而言，完成德育这一任务也是必要的。有的学生，常常以为读书的目的是升学，如果不能升学，就无须读书，以致许多学校的许多班级出现了这样的情况：教师在课堂上苦口婆心地传授知识，学生在下面昏昏欲睡，甚至说笑打闹。遇到这种情况，任课教师都感觉到，如果不抓德育，传授语文知识的任务也无法完成。于是，有的语文教师面对乱班无法上课的局面时，就埋怨学校教导处，埋怨班主任，埋怨政治教师没有抓好德育。其实，德育不仅仅是教导处、班主任、政治教师的任务，也是语文教师的任务。

陶继新：其实，这些教师的抱怨是不对的。因为他们抱怨的对象不应当是他人，而应当是自己。语文教材中除了知识之外，还有丰富的道德因素。而这些，又是与语文教材中的知识和谐为一的。如果将其剥离开来，就会使语文学习了无生趣，学生昏昏欲睡也就成为必然。真正优秀的教师，大都非常善于挖掘语文教材中的道德因素，并以生动的形式将之呈现出来，让学生在获得知识的同时，感受道德教育中的生命张力。特别是这种力量逐渐地走进学生内心之后，还会在他们的心里生成一种持久的学习动力。而这，正是学好语文的本质力量。

语文教师要做一位优秀的驾驶员

魏书生：一提到语文教师要承担德育任务，有的人就回忆起那些“油水分离”式、穿靴戴帽式的德育方法，这些德育方法不仅不能培养学生崇高的理想和高尚的情操，而且干扰了学生学习系统的文化知识，结果是两败俱伤。我们现在提出语文教师要承担德育任务，不仅不意味着要重复那些错误的做法，相反，倒是要警惕类似做法的复活。

陶继新：“文以载道”本来是如盐在水中，浑然天成的。如果进行“油水分离”式的教学，就破坏了它的外在和谐。我们已经为长期的语文教学之形式主义付出了巨大的代价。它不但使语文教学没有了“文”味，而且所谓的“道”也异化成空洞的说教，甚至是错误的说教。这样，不但使教师教起来索然无味，也会让学生听起来味同嚼蜡，而且，还训练了教师的说教“水平”，甚至是说谎的“能力”。更加可怕的是，久而久之，这种“能力”就会根植于教师的心里，甚至形成根深蒂固的教学习惯。如此，学生不但学不好语文，人格也会受到不良的影响。

魏书生：语文教师驾驭语文教学，就像驾驶员驾驶汽车一样。汽车在公路上行驶，超出了左面的行车线，就要出事故；超出了右面的行车线，同样也要出事故。只有不左不右，才能安全行驶，完成运输任务。语文教师不完成德育任务是偏向右的一端，用“左”的方法完成德育任务是偏向左的一端，结果都不能很好地完成教学任务。那么，怎样才能不左不右地完成语文教学任务呢？实践使我体会到，寓德育于语文教学之中，就能收到良好的效果，既能使学生学到完整系统的语文知识，提高听说读写能力，又能提高学生的思想觉悟并陶冶他们的道德情操。这里的关键在于一个“寓”字，即在语文课堂要求中、在语文教材分析讲解中、在语文听说读写实践中、在语文课外活动中渗透进德育的因素。

陶继新：您的“驾驶汽车说”很有道理。不管是“左”行，还是“右”走，都会出现危险。其实，语文教学有其自身的规律，破坏这个规律，自然就会受到规律的惩罚。如果说我们应当敬畏生命，那么，我们也应当敬畏语文教学的规律。很多人在寻找这一规律，可是，往往是寻寻觅觅，不得其踪。而有的人虽然明白了这个规律，然而在具体的教学中，依然会迷失方向。而您，不但寻找到了这个规律，更重要的是，您遵循了这个规律，所以取得了理想的效果。

寓德育于语文教学中的三个步骤

魏书生：德育的范畴较广泛，我们现在仅以培养学生自我完善的精神、团结协作的精神、爱国精神为例，谈谈寓德育于语文教学中的三个步骤。

第一，增强学生的道德意识。

魏书生：要增强孩子们的道德意识，首先，要增强他们自我完善的意识。人是矛盾的集合体，人类心灵世界的真善美与假恶丑无时无刻不在斗争着。没有自我完善精神的人，就会任凭这种斗争呈自然状态发展，任凭生命之舟随波逐流。有自我完善精神的人则能够用自己的意志调动心灵中真善美的力量，有意识地去战胜假恶丑，使自己的生命之舟沿着有益于祖国、有益于人民的航线航行。在语文教学中，我注意增强学生自我完善的意识。增强这种意识的第一步是增强他们的自我分析意识。我讲《一件小事》时，启发学生讨论：这么平常的事，为什么写得这样感人？学生认识到，作者不仅真诚地用自己真善美的心灵去观察、认识这件事情，更重要的在于，作者塑造的进步知识分子的那种严于分析、解剖自我的精神。同学们认识到，比较成熟的进步的知识分子尚且需要分析、解剖自己，努力自新，我们这些很不成熟的青少年就更应该经常分析、解剖自己了。增强学生自我完善意识的第二步，是让他们有战胜自我、超越自我的欲望。我讲《鞠躬尽瘁》时，学生们感到焦裕禄之所以为兰考人民做出了较大贡献，受到了人民的热爱，是因为他能以人民的利益去战胜个人的私欲，能用坚强的革命意志去战胜病魔。《一件珍贵的衬衫》《草地晚餐》《闻一多先生的说和做》《祖冲之》《哥白尼》这些文章，记录了领袖、学者、科学家们的高尚情操、云水襟怀、松柏气节。学生们探索这些杰出人物的精神世界，认识到他们都是在经历了分析自我、战胜自我、超越自我的过程之后，达到了完善的自我境界。学生们抄录了“知耻为勇”“战胜自己是人生最大的乐趣”“做生命之舟的主人”等名言作为自己的座右铭，表达了他们完善自己的愿望。

陶继新：孔子说：“为仁由己，而由人乎哉？”看来，自我完善乃是提升人格的关键所在。孔子的弟子曾子则提出：“吾日三省吾身：为人谋而不忠乎？与朋友交而不信乎？传不习乎？”意思是说，“我”每天都多次反省自己：在为别人办事时是不是尽心竭力了呢？在同朋友交往时是不是做到诚实可信了呢？对老师传授给我的学业是不是反复实践了呢？正是由于一以贯之的自我完善，曾子才成为传名于世的大儒，才有了“四书”之一的经典《大学》的问世。如果说心灵需要向内求的话，人格的生成也要向内求。“有诸内，必形诸外”，所以“司外揣内”。如果一个人的内在不是真善美，其外在也不可能是真善美。真善美的内在品质一旦形成，就会不断地外化出一系列真善美的行为。所以，您着意培养学生成为具有自我完善意识的人，可谓抓住了教育教学的纲。有此纲在手，就可以“纲举目张”，收到超越一般的效果。

关于怎样才能具备自我完善的意识，您提出了两个切实可行的措施。一是要增强自我分析意识。一般学生学习语文，多是从中学习文本的知识与思想，很少解剖自己。然而，若没有这一解剖过程，学习语文就会不痛不痒，就不会与文中深邃的思想对接。在开始进行自我分析的时候，是会产生痛感的。可是，正是在这种痛感中，才有思想认识上的升华。二是要战胜自我、超越自我。要产生这样一种欲求，不但需要自我分析精神，而且需要对文中人物的高尚精神真正产生敬仰感，真正心向往之。中学生喜欢崇拜偶像，在他们确认文中的人物就是自己崇拜的偶像后，这些人物就会成为他们心里的丰碑。有了这些丰碑后，他们就会“择其善者而从之”，就会想超越自我，上升到一个新的层面。这种意识如果一次又一次地觉醒，就会在他们心里积淀成一种高尚的品质，就会生成一种自我完善的意识。

魏书生：其次，要增强学生团结协作的意识。我们学习《雄伟的人民大会堂》时，同学们都赞叹这一建筑的雄伟壮丽，同时又为建造速度之快感到惊奇。这样，我便引导学生讨论团结协作精神的重要性。同学们认识到，现代大科学、大生产的发展，决定了任何巨大的成就都是团结协作的结果，科学上的重大突破几乎都是集体合作的产物。例如20世纪60年代美国阿波罗登月计划，参加的科学家和工程师有42万人，参加的单位达两万多个。我们必须注意从小培养团结协作的精神，只有这样才能符合现代社会的需要。《古代英雄的石像》讲的也是要有团结协作的精神。中国石拱桥、苏州园林、故宫博物院无不是团结协作的产物，人民解放军横渡长江也是团结协作的胜利。20世纪80年代的青少年，有的受某些不正确宣传的影响，个人英雄主义的意识很浓，表现自己的欲望很强烈，狂妄自大，目空一切；有的涉世未深，就自以为通晓各门学问；有的连个小组长都当不好，却一本正经地宣称要弄个部长省长什么的干干。他们不知道尊重别人，却强烈地要求别人尊重自己；他们不善于同别人协作，却总想成就大事业。通过学习宣传协作精神的课文，学生们认识到个人和集体有关系，认识到瞧不起别人的石像必然要倒塌。同学们还写了《自己尊重别人，别人才会尊重自己》《感情是相互的》《助人力增倍，贬人力减半》《滴水与大海》等文章，表达自己愿意同别人团结协作的愿望。

陶继新：《周易》有言："二人同心，其利断金。同心之言，其臭如兰。"看来，我们的古人就特别强调合作与团结。其实，当一个人不与他人合作的时候，别人也不会与他合作。所以，合作是双赢的。现代社会，单打独斗虽然也可以取得一定的成绩，但真正大的成功，是绝对离不开合作的。可是，这种合作意识与团结精神，在学生中有走低的现象。然而，现在的孩子，未来走向社会之后，如果没有合作意识，就会寸步难行，即使取得了些许成绩，也不会走得太远。从这个意义上说，您对这种意识的培养，还指向了孩子未来的人生发展。

您所讲的这些课文，可谓体现团结协作意识的优质文本。让学生身临其境，特别是让其心临其中，他们就会感悟出很多东西。而您讲课的时候，一方面，绘声绘色，能够入乎其中，又能出乎其外；另一方面，您是特别会让学生自己学习的教师，而且是特别会让学生的心灵走进文本的教师。当团结协作意识成为学生自觉而内在的需求之时，他们自然就会形成合作团结的品质。

诚如您所言，当今一些学生盲目自大，看不到别人的优点，即使看到了，也会产生嫉妒心理。而有了主动团结协作的意识之后，他们不但会积极行动起来，而且还会在行动的过程中发现他人的很多优秀品质，并且"学而时习之"。这个时候，他们就不但不会嫉妒别人，还会形成欣赏他人的优秀品质。而当一个人学会欣赏他人的时候，其人格也就升华了。此时，别人也会欣赏他。

魏书生：要增强学生的道德意识，还要增强他们的爱国意识。我经常给学生上书法课，让学生认识并感知祖国的文字美，讲汉字的演变、汉字独特的构造、汉字形体的表意功能、汉字的形体美……用这些来增强学生的民族感、自豪感。我给学生讲祖国的语言美、文字美，讲祖国词汇的丰富，讲中国文学在世界的地位。教材中有些文章写的就是祖国的山川美，如讲《香山红叶》《济南的冬天》《海滨仲夏夜》《听潮》《观沧海》《澜沧江边的蝴蝶会》等文章时，我引导学生把文字符号转换成色彩绚丽的图像，在大脑的荧光屏上放映出来。我又进一步引导学生把平面的图像转换成立体的可感知的山川幻景，然后让自己的思维走进这些景物中，从而感受到祖国的山川之美。教材中有的课文是歌颂爱国英雄的，如《谈骨气》《谁是最可爱的人》《最后一次讲演》《石灰吟》等，讲这些文章、诗词时，我让学生讨论，为什么这些文章、诗词，读来亲切感人，催人奋进。大家认为，根本原因就是这些文章、诗词中表现出了英雄们对国家的赤胆忠心，我们这些中华民族的子孙应该为有这样的先辈感到骄傲和自豪。

陶继新：魏老师，您是从多维度让学生感受祖国之美的。看来，语文教学中，无处不有爱国主义教育的内容与方法。国家对于孩子来说，是一个相对抽象的符号，所以，要将这些抽象符号具化为一个又一个的实在的载体，才能让学生可见可感可想可思。尽管中国的语言文字之美是一个不争的事实，可是，如果不有意进行这方面的教育，学生就会与这些美擦肩而过。虽然祖国的山川美不胜收，可是，如果缺失美丽的形象与生动的解说，就不能让学生感受到它的魅力。特别是精神层面的美，虽然异常丰厚，可是，因其有隐蔽性，教师如果只是蜻蜓点水地说一说，就不可能让学生体味到其实质与精髓，就会让这些最美的精神在课堂上流失。而您深得其中的要妙，不但让学生感受到了我们祖国的美，还让他们情不自禁地爱上了祖国。上您的语文课，接受这样的爱国主义教育，学生当然会乐在其中，也受益在其中了。

第二，培育学生的道德行为。

魏书生：有道德意识是一回事，将道德意识转化为道德行为又是一回事。只有这样，才能在更深的层次上抓德育，从而收到更好的效果。语文教师有责任，也有机会引导学生将道德意识转化为道德行为，只有这样，才能在更深的层次上抓德育，从而收到更好的效果。

首先，就是要训练学生的自我完善行为。仅就写字而言，就有一个自我完善的问题。有的同学不求上进，敷衍潦草地应付写完，剩下时间就东游西逛去了。我要求学生练字，一为提高学生的语文能力，二来也可磨炼学生的意志，陶冶学生的情操，增强学生的审美能力。班里有些淘气的学生，在做难题时，常常不会做，于是便淘气，干扰别人。我和他们商量，治淘气的办法之一就是练字，当心烦意乱什么也写不进去时，你就练字，这样一来，就可以稳定情绪，磨炼意志，另外，也避免了干扰别人学习的不良行为。这样要求之后，有几名淘气的同学照着做了，字有了进步，又改掉了纪律上的毛病，自己也体验到了自我完善的愉快和幸福。

还有的学生有自我完善的欲望，找他谈话时说得头头是道，一再表决心，但一到具体做的时候就不行了，总之是“醒得早，起得晚，说话的巨人，行动的矮子”。许多学生就是因为不能将自我完善的意识转化为自我完善的行动，而在思想、学习上迟迟没有进步。我和这些学生一起研究他们自我完善行为的运动过程，分析行为起始中断的具体原因，再制定新的行动规程。如他们的作业，我引导他们根据自己的实际确定目标，根据目标确定适合自己的数量，再根据数量，确定具体的完成时间，这样，他们写作业的行动过程，就处于“定向、定量、定时”的有效控制之中。不仅写作业，上语文课、搞课外活动、写作文、写日记，我都引导学生将战胜自己、完善自己的意识转化为行为，这样，学生才能享受到战胜自己的快乐。

再比如考试，有的学生用不正当的手段以达到取得高分的目的，考风不正，学风也难正。我引导学生对考试抄袭过程进行心理分析，针对这些心理制定有效的控制抄袭的办法，以使学生在考试过程中忠实于自己，完善自己。我们还改变考试办法，每逢期中期末，每个学生都出考试题，以增强检查平时学习的责任感，训练学生自我完善的道德行为。

陶继新：中国汉字是效法天地中的具体物体而产生的，虽然经过了几千年的发展，现在不少汉字已经没有了当初的形貌，但很多字仍然具备象形字的基本特征。孙过庭在《书谱》中就提出了“同自然之妙有”“本乎天地之心”的观点。可见，我国古代的书法家在练字的过程中体会出了书法中蕴涵的智慧。当然，现在的学生写字，已经没有这么深的含义在里面了，不过，写得一手好字，就像一个人穿上了一件得体的衣服，会有一种外在之美。如果由此再训练其良好的意志品质，他就称得上“文质彬彬”了。现在中考和高考的时候，有的学生字写得龙飞凤舞，便被扣了卷面分。不要说改卷的老师，任何人都是不喜欢那些写得乱七八糟，看起来让人非常不舒服的字体的。而有的学生即使上了大学，写起字来也依然是让人“不识庐山真面目”。您让学生进行写字训练，可谓立足当下，又面向未来。而要求淘气的学生练字，真是神来之笔。这些学生大多不是思想品质有问题，而是意志品质有问题。培养他们学习的有意注意力，当是解决问题的关键。而练字，则是培养学生有意注意力的最佳方法之一。

学习成绩差的学生，大多不是智力水平差，而是自我控制能力差，有的是没有掌握学习的具体方法，更多的则是没有养成良好的学习习惯。时间长了，他们还会形成一种消极的心理定式，从而失去学好的信心。而您不但教会了这些学生学习的方法，而且也在无形中培养了他们学习的良好习惯，从而让他们树立了学好的信心。其实，每一个学生都有学好的巨大潜能，只是有的时候这种潜能被最爱他们的老师与家长在无意中扼杀了而已。他们不但没有教给孩子们学好的方法，更是在他们学习不好的时候进行打击。这里还有一个问题，那就是爱孩子，还要会爱，不要怒其不争，而应当导之以行。这样，当学生有了成绩、看到发展前景的时候，就会特别欣喜，从而爱上学习。

考试抄袭似乎已经不是新闻了。据《中国青年报》报道，2021

年1月以来，太原工业学院教务处已连发10个通告，对多名在考试中作弊的大学生进行严肃处理。李开复在《做最好的自己》中就特别提到了诚信。他说，在一个先进的企业里，员工最需要具备的素质不是优越的智力，而是诚信，诚信比才气更重要。

在美国，中国学生的勤奋和优秀是出了名的，他们曾经是美国各校最受欢迎的留学生群体。

但最近几年，有不少学校和教授声称，他们再也不想招收中国留学生了。理由很简单，某些中国学生拿着读博士的奖学金到了美国，可是一旦找到工作机会，他们马上就会申请离开学校，将自己曾经承诺要完成的学位和研究抛在一边。这种言行不一的做法已经使美国相当一部分教授对中国学生的诚信产生了怀疑。此外，美国有很多教授不再理会大多数中国学生的推荐信，因为他们知道，许多推荐信根本就出自学生自己之手，已经没有什么参考价值可言了。

可见，人格上不合格，就会做出一系列对社会有害的事情，甚至会变成坏人。诚信是极其重要的。成绩不合格还可以通过努力提升上去，可是，人格上不合格，就会做出一系列对社会有害的事情，甚至会变成坏人。从这个意义上说，您让学生“忠实于自己，完善自己”，对于他们优秀品格的形成，无疑起到了巨大的作用。

韩愈《师说》中有一句众所周知的名言：“弟子不必不如师，师不必贤于弟子。”有的老师尽管对此倒背如流，可在心里并非作如此想，更遑论践行了。即使有的老师自知在某些方面不如学生，可要是在全班学生面前承认，又觉得大失颜面。因此，如果在某一个教学节点上学生的见解超越老师的时候，要么“王顾左右而言他”（《孟子·梁惠王下》）予以搪塞，要么转移话题，更有甚者，还会恼羞成怒，对学生大批一顿。这不但少了谦谦君子之风，甚至在人格上也出了问题。

北京十一学校的语文特级教师史建筑则不然，他在中学语文界很有名气，而他的实际水平则比外在之名更大。其在讲学、讲课以及平时与人交谈时，经常会引经据典，而且又有“道法自然”之美，而他的谦虚品格，与他的文品一样，同样让人敬服不已。

在学生面前，他从来不摆师道尊严的架子，有不少学生还是他的“哥儿们”。他认为，自己所上课的优劣，不是由他的感觉来评定，而是由他所教的学生来评价。每个学期，他都要主动请学生评教。他所设计的问卷中有这样两项：一是你认为我们近期上得最好的一堂课是什么？好在哪里？二是你认为我们近期上得最差的一堂课是什么？差在何处？

他高度重视学生评教的结果，对于认为“最差”的课，首先自我反思，然后再屈身向学生请教，找出“差”在何处，从而过而改之。孔子的弟子子贡说得好：“过也，人皆见之；更也，人皆仰之。”（《论语·子张第十九》）所以，尽管学生指出了他的问题，甚至认为有的课是“最差”时，他在学生心目中的形象却愈加高大。即使大家认为最好的课，他也绝对不沾沾自喜，而是再度思考，可否在以后再上这一课的时候，能够有“更上一层楼”的飞跃。

一般情况下，学生的评课是相对一致的。可个别时候，也会出现意见分歧。

一次，学生在“好课”评价栏中填写了《我与地坛》，在陈述为何好的时候，还不乏夸誉之词。

但他发现，有三位同学在第二项“差课”中，填上了相同的篇目，理由是：“像这样文质兼美的作品，不管老师如何设计，只要搞集体阅读鉴赏就是多余的。把时间还给我们，让我们静静地读书就可以了。”

史建筑由此陷入了沉思，在以“班级授课制”为主要形式的今天，很难满足不同学生的需求，更不可能让每个同学都拍手叫好。不过，这不能成为否定“差课”评价者的理由，相反，这应当是一个很有研究价值的课题。于是，他开始思考，教师教学准备的基点到底是什么？是教师的“教”，还是学生的“学”？是教会学生，还是让学生会学？中国第一部教育学论著《学记》说得好：“善学者，师逸而功倍，又从而庸之；不善学者，师勤而功半，又从而怨之。”意思是说，善于学习的人，教师费力不大却可以达到事半功倍的效果，而且他还会归功于教师；不善于学习的人，教师教得非常辛苦，效果却是事倍功半，他反而会抱怨教师。

于是，在以后的教学中，史老师不但注意了自己的“善教”，更关注了学生的“善学”。不再是整齐划一、步调一致的固定模式，而是有了“分层学习”“小组互助”“作业自选”“语文学习周计划”“班本课程开发”等新的教学形式。近年来，他又积极投身于“基于标准”语文学习体系的探索实践。

这样一来，史老师讲得少了，学生学得多了；史老师费的劲小了，学生学的劲足了。不但有了高效率，更有了高回报。因为学生的主动学习意识被调动起来，蕴藏在学生内心的学习潜能也爆发出来，所以，课堂上不只有传授和学习知识的环节，还有了师生共同演绎生命的绚丽景象。

大家知道，议论文写作对于高中学生极其重要，不少高考作文题往往是这种体裁。可是，不管老师如何讲解议论文的重要性和具体写法，不少学生依然是谈议论文色变。所以，在 2018 年 10 月 14 日于济南举办的“第十届名家人文教育高端论坛暨名师课堂研讨会（中学）”上，听史老师执教《议论文写作指导课：论点的展开》之前，我真为他捏一把汗。况且，这堂课上的学生，此前与他素不相识，让他们学会写议论文，谈何容易。

可是，史老师给了在场一千多名参会的教师一个始料不及的惊喜，不但学生学会了写议论文，在场的老师也对议论文的写作了然于心了。

这堂课的录像我刚一拿到手，就分别送给正在上高中的外孙女和上初中的外孙，嘱咐他们一定要观看录像，好好学习。

看来，新的时代对于好教师的评价应当也有新的标准，不但要讲得好，而且要让学生学得好；不但教学水平要高，而且还要具备从善如流的谦虚品质。

喜欢听颂扬之词，也许是人的共性特征，可是，赞扬声不绝于耳的时候，也会让人飘飘然而不知所以然，以致骄傲自满起来。为防滋生自满情绪，史老师提出来要诚听学生诤言的主张。他们班的学生，不但可以给老师评最差的课，而且可以在课堂之上，公开挑战老师，指出老师的错误，即便言辞激烈，也不会受到老师的批评，还会受到老师的表扬。

这一主张“发表”后没几天，课堂上的诤言之声真的出现了。

当时教学选修教材《史记选读》中的《鲁仲连义不帝秦》的最后一句是“（仲连）终身不复见”，为此，史老师翻阅了几个版本的译文，发现都将其中的“见”解释为“相见”，全句译为“（此后，仲连）再也没有与平原君相见”。而史老师从其个人的语感出发，认为“见”在此理解为通假字“现”更为顺畅和合理，所以，应当译为“（此后，仲连）最终再也没有出现”。

可这个见解刚一发布，晓凡同学马上以非常肯定的语气进行了反驳：“‘见’，在这里就应该解释为‘相见’，因为二十多年后他又出现了，看来老师没有真正读过《史记》。”他一边说着，还一边拿出《史记》，当着全班同学读出了课文未收录的文字加以佐证：“后来鲁仲连又参与了诸多历史事件，并非‘最终再也没有出现’，那么，此处‘见’肯定解释为‘相见’才合情合理。”

史老师当场的羞愧是可以想见的，这位全国教书育人先进个人、全国教育改革先锋教师，曾获得过全国中学语文课堂教学大赛特等奖的老师，竟然败在了自己学生的手下。可是，很快，他的羞愧又转变为感激和感动。他一方面承认自己的错误，一方面表扬晓凡同学超越老师的水平之高。旋即，教室里响起了热烈掌声。

看来，诚听学生诤言，有错就改，不但不会降低老师在学生中的威信，反而会让他们更加尊敬和爱戴老师。

不过，老师们想想，如果在你的课堂上，有学生当场指出你的错误，你有史老师的雅量吗？也许在深感蒙羞之时，会拍案而起，大声喝道："全班就你能，给我住嘴！"甚至课后还会把这个学生狠狠训斥一番。

不过，这样的老师如果静下心来细细思考一番，如此而为，会提高你在学生中的威望吗？会对你以后的教学有促进作用吗？不但不会，而且一定会走向它的反面。

我们不妨看看史老师课后的反思："此前，因为我的'想当然'，出现过多少纰漏失误，我不得而知；有多少谬误，让我至今还'蒙在鼓里'，我也不得而知……但不管怎样，这一字之错，像一记重锤敲在我的心上。当我动辄'郑重'地告诫学生要严谨治学时，我自己做得怎样？如此想来，我不禁'头涔涔而泪潸潸'了。"

读到这段文字，我的泪水已经情不自禁地在眼眶里打转了。德才兼备的史老师，能够内省谦虚至此，再一次让我想起了《周易》之言："有大者不可以盈。"

"有大者"尚且不能"盈"，不"大者"更没有资格"盈"了。不少老师都有一个名师梦，那么，要想梦想成真，是不是应当从史老师的谦虚言行中，悟出一些名师之道了呢？

魏书生：其次，要训练团结协作行为。首先，我强调师生之间的协作行为。我对学生说，老师教语文，主要靠在座的一百多位助手。

讲课文时，我经常征求学生的意见，同学生一起讨论学习重点、课时安排和学习方法。师生之间加强协作，提高了语文教学效率。教学中，我还强调同学之间的协作，如上课时有疑难问题，先由四个人组成的讨论组讨论。有时出五组难题，每个小组承包一道，本小组成员可轮番到黑板上写答案。我请学习好的学生介绍自己学语文的方法，还请学习差的学生自愿找一名学习好的学生当自己的“保护人”，负责上课时提醒注意听讲，课后督促完成作业，帮助指导自学。自 1979 年至今，我的班级一直是互相批改作文，在批改过程中，同学们树立了研究之风、互相帮助之风，密切了关系，增进了相互了解。经过这样的训练，同学们的团结协作精神、班集体凝聚力大大增强。同学们互相传授学语文的方法，互相取长补短，大家都是知识信息源，又都是知识信息接收器，比起互相封闭来，学习效果好得多。最重要的是，学生今天有了与别人交往的能力、团结协作的能力、帮助别人的能力，将来进入社会，这些能力将对他们的工作产生很大助益。

陶继新：其实，四人讨论小组就是一个学习共同体。讨论的时候，绝大多数学生就成了学习的组织者，而您，则悄然退下。在很多课堂上，教师虽然区区一人，却是课堂教学的强势者。教师如果不“退”，学生想进也进不了。学生组成学习共同体之后，学习好的同学就会主动帮助学困生。优生帮助学困生，看起来是耽误了他们的学习时间；其实，他们向学困生讲解的时候，自己必须先吃透这些内容。如果自己都没学会，就一定讲不明白；如果自己能讲明白，那么就表明他一定学会了。能讲明白的学生，一定会“温故而知新”，从而有质的飞跃。学生整天待在一起，优生只用一个眼神，学困生一般就能心领神会；而学困生一有困惑，优生一般也会马上明白。况且，每一个“小老师”应该都有一种为师者的责任感，而责任感的作用大于兴趣，兴趣会因条件的变化而消减，而责任感则是一贯的。

魏书生：还要训练学生的爱国行为。就语文教学而言，训练爱国行为的第一点，就是引导学生写好用好祖国的文字。第二点是引导学生学好用好祖国的语言。第三点是引导学生站在爱国主义的角度去阅读分析课内课外的文章书籍，自觉抵制批判那些贬低我们祖国、贬低我们民族的作品。第四，我引导学生写一些歌颂祖国、赞美中华民族、分析个人与祖国的关系、谈个人为国尽责等方面的文章，提高学生的认识能力。学生写《祖国新貌》《谈爱国》《我为祖国做了些什么》《谈责任感》等文章时，都将爱国意识与爱国行为结合起来，认真调查，搜集资料。这些行为又强化了学生的爱国意识。写《十一届三中全会以来社会上的变化》这篇调查报告时，许多同学回去问父母、问长辈，了解党的十一届三中全会前的社会状况。根据调查来的事实，学生们写出了很好的文章，认识到十一届三中全会以来，我们伟大的祖国确实发生了巨大变化，许多战线生产指标成倍增长。学生们为祖国取得的成绩感到自豪，也为自己能为祖国说话、能为祖国尽一点责任感到自豪。

陶继新：刘勰说，缀文者情动而辞发。学生要想写出爱国的作文，就必然要有爱国的情感。看来，通过写作训练来提高学生的爱国主义思想感情，当是一个好方法。不过，学生写这样的文章的时候，还是要像您所说的那样，不要假大空，而应当真小实。爱国要具体到一个又一个学习与生活的场景之中。写好字是不是爱国？好像有点牵强。可是，当学生了解了中国文字之美，以及这个美与我们中华民族的关系之时，他们就会生成一种特殊的感情。比如，您说的让学生写《谈责任感》，好像比较虚。可是，如果仔细想想，就觉得这很重要。当今学生学习到底是为了什么？难道仅仅是为了升学吗？一个没有责任感的人，本事再大，对社会对国家也未必会有用。对于学习，责任感也极其重要，其作用甚至可以超过兴趣。鲁迅为什么弃医从文？就是因为他有一份救国的责任感。而且有了责任感之后，可以在内心生成一种持久的学习动力。而学习好，又有责任感，不就是更好地爱国吗？

20 世纪 80 年代，我到上海采访著名语文特级教师于漪，并撰写了两篇长篇报道文章。她教《少年中国说》一课时，正值国庆节后，她便马上将国庆盛况拿过来用："我们刚刚沉浸在三十五周年的欢乐日子里，可是请同学们回想一下，1840 年到 1900 年，那个时候我们的中国又是怎样的情景呢？请你们回忆一下，在中国近代史上，发生了哪些丧权辱国之事？"

学生纷纷讲了第一次鸦片战争、第二次鸦片战争、中日战争等等。这个条约，那个条约，一件件，一桩桩，都是丧权辱国的。

于漪说："所以，凡有爱国心的人，都去寻求救国救民的道路。尽管康梁变法失败，梁启超逃往日本，逃亡期间，他还念念不忘中国的崛起，向往着、憧憬着有一个少年中国。"

学生们活跃起来，思维的触角已不单单在梁启超一个人身上，而且看到了近代的中国——一个负辱受侮而又衰败羸弱的中国，当然又想到今天蒸蒸日上的社会主义祖国。鲜明的对比，多维的思索，使他们对两个时代有了更深的认识，对梁启超当时的思想有了一定的把握，也更加热爱今日的中国。

之后，于漪又对梁启超进行历史的评价。

最后，于漪又用启发性的话语说道："梁启超所向往的'少年中国'如'红日初升'，现在已成为现实。那么，我们今日之责任是什么呢？请同学们回忆一下国庆游行时出现在电视屏幕上的最后几句话。"

"祖国的儿女，祖国的命运就是你们的命运，你们的命运也就是祖国的命运。"学生齐声背诵起电视屏幕上的话语。

于漪说："梁启超这个人尽管非常复杂，从维新变法最后变成保皇党，但是，他毕竟有'一颗中国心'啊！"

学生对"我的中国心"这句话相当熟悉，感情一下子掀起了高潮，全场活跃，顷刻间感情升华到了对今天的社会主义祖国的热爱之情。

将爱国主义的活水引入课堂，不仅可将旧文教新，还可以激发学生的学习兴趣，并使兴趣升华，精神振奋，增强学习的时代感。

第三，培养道德行为的习惯。

魏书生：这就不能不提到第三个步骤——培养道德行为的习惯了。你想啊，一个人的意识行为如果变成习惯了，他的面貌能不改变吗?

做老师的都有这样的经验:学习成绩提高到一定的高度之后,一般不容易有较大的反复;而德育方面则不然,一名积极上进的学生,环境一变化,就可能消极落后。上午两个人还是好朋友,下午就可能由于某人的挑拨而不说话。昨天看影片《祖国新貌》时激发起来的爱国热情,今天很可能由于物价上涨而转化为对祖国的牢骚。这些变化,即使在成年人中也是屡见不鲜的,对思想感情不稳定的中学生来说就更常见了。要巩固已形成的道德意识与道德行为,就要在培养学生道德行为的习惯上下功夫。

陶继新:叶圣陶说:“教育是什么?往简单方面说,只需一句话,就是要养成良好的习惯。”为什么呢?因为习惯可以将某种思想意识定格在人的行为之中。如果一个人形成了良好的道德,他就可以成为一个品格高尚的人。因为它“是人在神经系统中存放的道德资本,这个资本不断在增值,而人们在其整个一生中就享受着它的利息”(乌申斯基语)。所以,在某种程度上说,习惯的好坏,决定了一个人的生命走向。

魏书生:首先,要培养自我完善的习惯。我引导学生讨论有效地管理自己的语文学习的方法。就语文学习而言,先确立计划系统,每学期、每月学哪些语文知识,读和写的具体量有多少,具体采用什么学习方法,都制定出来。再确立检查系统,先自己检查;然后“保护人”检查;第三,班干部检查;第四,班集体大规模检查;最后由教师抽检学生的语文计划完成情况。还确立反馈系统,通过个别谈话、班干部会议、访问家长以及全班讨论的方式，及时总结语文学习的利弊得失，继续完善成功的措施，及时纠正不正确的方法。这样的学习过程就使学生积极向上，自我完善的行为不再是点状的，而是连续的、线状的，就不容易轻易中断了。还有一些语文学习方面的要求，一旦提出来经学生表决通过后，就决不轻易放松。如每天学一条格言、警句的要求是从 1979 年提出来的，到现在从来没有间断过。思想家的名言、英雄模范的警句像春风化雨，点滴入土，滋润着学生的心田。我们把写日记叫作“道德长跑”，到现在也从未中断过。我最差的学生 3 年中也写了 22 万字的日记。一位较差的同学在千篇日记总结中写道：“日记是我最好的朋友和老师，是她使我学会了分析自己、战胜自己，养成了自我完善的习惯……”

陶继新：您的语文学习是一个系统工程，学生走进这个系统，就会遵循它，认可它，以至喜欢它。因为在这个系统中时间一长，大家就会感受到语文学习是很有意义的。不少学生不喜欢语文，一个关键因素，就是他们没有从中享受到学习语文的快乐。而您呢，则让他们享受到了这种快乐，而且是天天享受。有了这样的状态，学习语文的效率自然就会提高，兴趣自然就会增强。

对于学生来说，每天学一条格言、警句意义重大。因为这些格言、警句都具有极高的思想价值。天天学，就等于天天聆听大师的思想教诲。而且这些格言、警句凝练易记，他们可以将之牢牢地记在心里。时间一长，就会在心里生成一种向往大师、学习大师的需求。有了这种需求，还会自觉地将之变成行动，从而拥有更加美好的发展前景。

您最差的学生三年能写22万字的日记，真是令人吃惊。学生在这三年中，已经养成了记日记的习惯。而且，在记的过程中，不但记人记事，还有分析与思考，特别是对自己成长过程的分析与思考。正是在这种“自我对话”中，学生养成了自我完善的习惯。

我和山东省乐陵市第一实验小学李升勇校长通过对话合写了一本书，书名是“课堂教学的颠覆与重建——山东省乐陵市第一实验小学‘大语文教育’的破冰之旅”。语文教师出身的他，对教学有着深入的研究。他认为，教学的重要目的不是教师教会学生，而是学生在教师的引领下，学会自主学习和善于学习。学生在小学阶段养成主动学习的习惯，不但会在当下取得很好的学习成绩，让学习变得不再枯燥无味，还会有一种心灵的愉悦。六年如是，就会养成主动学习和善于学习的习惯，到了中学、大学乃至工作之后，也不会视学习为畏途，反而乐此不疲。

在这方面，我是很有感触的。我上乡村小学时，那时的教师知识并不特别丰富，可他们激发了我学习的兴趣，让我形成了主动学习的习惯。这种习惯一直延续到今天，还会向未来继续延伸。几十年来，我从来没有疏离过学习，而且几乎全是自主学习，即使每年的除夕与大年初一下午，也都是兴味盎然地在办公室或家里读书、写作。

学生在小学阶段形成自主学习的习惯，将为终身学习奠定基础。而有了终身学习的习惯，生命就不会在同一个平面上滑移，而是一直洋溢着学习的热情，并在因学习而不断成长的生命中，享受学习所带来的无限快乐。

李校长本人就是一个终身学习者，他希望乐陵市第一实验小学的学生未来也能像他一样，整个生命都处于不断发展的状态中，不是毕业之后有了工作就万事大吉，而是每一个生命时段，都能抒写出特有的精彩。这种历史使命感，让他特别关注学生的自主学习。

有的孩子做作业的时候，尽管家长一直在盯着，依然磨磨蹭蹭，毫无兴趣；即使在学校里有教师看管着，还是没有主动学习的积极性。生命状态如此不好，不但不可能产生好的学习效率与质量，还会对其身心健康产生不良的影响。人们常谈为了孩子的幸福成长，如果没有自主学习，何谈幸福？即使在高压之下学了一些知识，以至考上了理想的高一级学校，难道就能获取真正的幸福吗？到了工作岗位上，能够主动学习吗？即使工作做得不错，如果没有终身学习的意识与习惯，退休之后也会不由自主地生出“无可奈何花落去”的慨叹，更遑论幸福了。而终身学习者则不然，退休对他们来说，是精神生命的另一个起点，甚至有可能是一个辉煌的起点，它会让精神生命更有光亮。

魏书生：其次，要培养团结协作的习惯。我在教学中养成了和学生一起商量的习惯，几乎每一节课我都征求学生对教学重点、教学方法的意见。由于经常这样做，学生也养成了同教师协作的习惯。学生们互相批改作文，课堂上互相批改自测题，互相出题考试，互相评卷，都不是即兴的、一时的要求，而是语文学习中的一项制度。学生在长期协作过程中既提高了语文成绩，又养成了团结协作的习惯。有一名学习成绩好的同学长期帮助一名后进生，同这名后进同学同桌，两年中付出了很大代价，家长对他有意见，说他帮助了别人，耽误了自己。我想在毕业前解除他们的互助条约，没想到这位同学主动找我，还要求和这名后进同学同桌，继续巩固前两年的协作成果。我们班级大部分同学都养成了团结协作的好习惯。

陶继新：与学生商量，反映了您的教学民主思想。其实，人人都需要尊重，学生亦然。商量便有尊重的意味。当学生得到老师尊重的时候，他们也就更加尊重老师，对于老师所布置的学习任务也就更加认真对待。同时，正是因为商量，学生的巨大潜能被激发出来了。这样，教师之教与学生之学就会形成一种合力，从而产生良好的教学效果。

学生互批互评等，不但减轻了您的工作负担，更重要的是，在这个过程中，他们也在履行教师的责任，他们非但不会感到增加了负担，而且还会有一种被信任的感觉。信任同样会产生学习的动力。而且，互批互评等也是一种学习，甚至是一种高层次的学习。这种习惯养成之后，就会构建一个班级学习的动力系统，这个系统几乎无时无刻不在运转着。在这样的状态中教学与学习，教师和学生都不会感到太困难，而且会觉得富有意义与乐趣。

魏书生：还要培养学生的爱国习惯——阅读祖国优秀文学作品的习惯，用自己的笔写赞美祖国、有益于祖国的文章的习惯。对祖国的进步、成绩要讴歌。对社会上存在的某些不良现象，我也培养他们站在历史的角度去分析的习惯。学生写《心灵的摄像机对准啥》《位卑未敢忘忧国》《先天下之忧而忧，后天下之乐而乐》这些文章时，都表达了自己和祖国共命运、同忧乐的思想感情。从这样的思想感情出发，学生就不再对社会上的阴暗面发牢骚，而是感到自己应为祖国多尽责任，应为早日消灭阴暗面做出贡献。

寓德育于语文教学之中的三个步骤不是截然分开的，它们之间常常你中有我，我中有你。

陶继新：当今，人的负面情绪似乎有愈演愈烈之势，以致有的学生也有了不少牢骚。这种牢骚如果持续下去，人们就会形成一种阴暗的心理。时间长了，他们就会对社会上的很多事情感到不满。如果对小的负面情绪置之不理的话，它就会像旋涡一样，吸引各种各样更大的负面因素。其实，现在是社会主义初级阶段，出现一些问题当在情理之中。如果只是盯着问题，而看不到成绩与光明，潜意识里就会对我们的国家不满。所以，早日消除学生心理的阴暗面，是培养他们爱国主义思想的一种有效措施。您让学生写的作文，可以增强他们为国分忧的意识，可以让他们有一个大的视野直面我们现存的一些问题，从而以一种积极的心态，去为国学习，为国争光。

魏书生：学生有了自我完善精神、团结协作精神、爱国精神，不仅有利于他们身心的全面发展，有利于他们踏上将来的人生道路，而且有利于他们今天的学习。我曾经任教的1985届毕业生入学时未经选拔，那时我同时任两个班的班主任，教两个班的语文课。3年时间，我外出开会314天，离校时不请人带班，不请人代课，回校后也不补一节课，人们以为我们升学考试成绩会很差，结果我们两个班好中差学生全部参加考试，语文成绩比按 2∶1 选拔的好学生平均高 12.5 分，升学率、高分率都为全县第一。有的青年教师问我：搞好语文教学最好的方法是什么？我觉得最好的方法之一，就是寓德育于语文教学之中。

陶继新：您所创造的这些奇迹，在一般人看来是不可思议的。其实，这只是您的语文教学的一个副产品而已。语文教学本身就有一种特殊的功能，即提升学生的人文精神，提升学生做人的品位。只不过，有的人只教出了语文知识，而没有将其中的思想与文化教出来，而且将语文文本学习与语文实践活动剥离开来，特别是将语文学习与做人的教育剥离开来。这样的语文教学，不但不能很好地行使其育人的功能，而且连语文学习成绩也提高不了。因为他们不知道一个起码的道理，那就是成绩大都与人格有关。一个学生有了学习的道义感与责任感，以及良好的学习习惯之后，取得好的学习成绩就成了水到渠成之事了。可是，不少教师只见树木，不见森林；而您不仅看到了树木，更看到了它背后一望无际的森林。也就是说，不少教师只是看到了教学的技术与方法，即器；而您则看到了语文教育的谋略与思想，即道。而能够悟出道在很多人看来是非常难的事情，您却能够轻松地悟出来，因为您懂得：最复杂的事情，往往用最简单的办法就可以解决，即大道至简。这也许是您超越一般语文教师，超越一般语文教学的一个重要原因吧。

班级工作

陶继新：您不但在语文教学方面道术兼备，在班主任工作方面也是独树一帜，成绩斐然。所以，我对您的班主任工作也很有兴趣，可否就这个问题谈谈您的思考与做法？

人人都是班主任

魏书生：其实，班主任工作也跟教学一样，要简化形式，直奔规律，需要怎么干就怎么干，学生需要什么咱就提供什么。还是一靠民主，二靠科学，民主四段，科学三段。民主的四段为：第一，老师是为学生服务的，得考虑学生的喜怒哀乐、优点困难、承受能力、行走速度。第二，互助，把每一个学生都当成自己的助手，当成自己的副班主任。所以有记者问我，魏老师，你看你又当书记，又当校长，还当两个班的班主任，还教两个班的语文课。我们到你们班采访，您还经常不在家。没有人给你带班，也没有人给你代课。我说，谁说没人？谁呀？我说，我的每个学生都是我的助手。实际上是这么回事，每一个学生都可以帮助老师管班，这几乎是一条铁律。

陶继新：天地之间，很多事情如果遵循了规律，就会变得异常简易。正如《周易》所说："易简而天下之理得矣。天下之理得，而成位乎其中矣。"在一般人看来，当班主任是一个又苦又累的差使，可是，经您这么一说，竟是如此简单，甚至还比较幸福。其原因何在呢？就是充分相信学生，让您的每个学生都成为您的副班主任。尽管一个副班主任的能力有限，可是，所有副班主任的智慧加在一起，就非常了不起了。而且，有一条规律往往容易被人们忽略，这就是当你相信别人的时候，别人也会相信你。您将班主任的工作分给学生，就是对他们的充分信任，于是，他们就会尽其所能地尽到副班主任的责任。当一个班里人人尽责，人人都想上进的时候，班级管理就会变得易如反掌。这也许就是在一般人看来"玄之又玄"的"众妙之门"吧。

魏书生：所以，不管多淘气的学生，往咱们面前一站，咱们都觉得这是助手来了。我对学生说，在座的每个学生都能帮老师管班，也都能帮老师教书，大事儿干不来干小事儿，每个人都要干一件事儿。我三十年来一直都提倡，班级的事儿，事事有人做，班级的人，人人有事儿做，消灭没事儿做的人和没人做的事儿。一个班级千万不要把权力集中在老师或者班干部手里，一定要把它向下分散，进行扁平化管理，凡是普通同学能干的事儿，决不让班委干；凡是普通班委能干的事儿，决不让班长干；凡是班长能干的事儿，班主任决不替他干。所以我带两个班，一进教室真是没事儿干，原因是什么？算起来，班级管理没有几件事儿是学生干不来的。

我们班有常务班长、值周班长、值日班长、鱼长、花长、炉长，大家各司其职，各尽其能。后来，炉子没有了，炉长便没有了，我和我的学生们都失去了一次学习机会。

陶继新：一个人或者少数人管理班级，即使竭尽全力，也会有顾此失彼的时候。相反，每个人都有事干的时候，就会事事有人管，事事做得好。况且，“权力”的过度集中，还会使学生产生矛盾。有的学生为了争当一个干部，甚至拉帮结派，于是，不团结之风由此生矣。而且我发现，越是普普通通的学生，一旦被给予一定的“职位”，他就会特别尽力。当受到大家的称赞时，他会特别自豪，而且会做得越来越好，也会越来越有“觉悟”。三年时间如果一以贯之地做下去，就会形成一种习惯、一种品质。而如果人人都有好的习惯、好的品质，就会形成一种良好的班风、一种良好的班级文化。这个时候，班级各个方面的工作与学习，都会走向一个高境界。

您的这种自主管理的思想在全国很多学校开花结果，有了结合本校实际的班级管理方略。比如我在重庆市巴川小班实验中学采访时，潘云芬校长就向我介绍了学校通过“班级值周”轮流制，全面开展自主教育的情况，从而让班级所有学生全面参与到学校日常管理之中。每个小组负责一个板块，再落实到每个学生头上。固定管理的内容，如：清洁、纪律、书吧、花草、电梯等。也要对各班的自习、三操、早读等进行评价，并以多种形式表彰。除了这些固定的内容之外，每个班还要发现这之外的学校管理“盲区”，并给出解决意见。值周结束时，选派值周代表参加学校行政会议。而行政会的第一个议程就是值周班级汇报。他们会对各年级给出等级评价和评价理由，评出单项表现突出的班级。比如说：某个班的早读上得特别好，好在哪些方面，某个班的自习特别好，好在何处。也汇报他们新发现的问题及解决办法，同时给学校工作以及下一个值周班级工作提出建议。最后谈谈他们的值周故事和值周感悟。一个初一的学生在讲值周感悟时说：“我真正感受到了学校是我们的，我们是学校的主人。”每周让一个班的所有学生轮流值周，参与学校管理，则使全校每个学生都有了管理的体验。也就是说，学生自我管理不是几个优秀学生的事，也不只是那些有特长学生的事，而是每个学生的分内之事。这不只是一种义务，也是一种责任，还是一种信任。它让学生在值周过程中，发现其他班级的优点，从而“择其善者而从之”；发现其他班级的不足，从而省检本班与自身，“其不善者而改之”。这在无形中促进了班级之间的良性竞争与进步。同时还增强了学生的公平意识。因为值周者不能只站在自己班级的利益上，而应站在全校的立场上看问题，公正地发现优劣，公平地处理问题。由于不同班级不同时段的问题是不一样的，突发事件也有可能出现，这就要求值周学生还要具备应急处理问题的能力。行政会议第一个议程的值周班级学生汇报，还在无形中培养了学生校荣我荣、校耻我耻的主人公精神。这种一举多得的班级值周制，不但给了学生管理学校的权力，也很好地体现了以学生为本的现代教育精神。

据潘云芬校长讲，刚开始时，学生也处理不好“值周与学习”的关系，总有学生因为值周而不能按时完成作业。针对这个问题，她让同学们专题讨论。让善于时间管理的同学介绍经验，有同学说得好：我们在值周时，如果处理好了学习和值周的关系，值周才有真正的意义！慢慢地，学生们会很有计划地完成每件事。既能在值周时借鉴他人长处，又能在值周时学会时间管理而有效完成作业，老师们自然就发自内心地放手了。

其实，休说在这一新生事物值周中，就是做其他事情，也会遇到问题。人要想更好地成长，就不能只是绕着问题走，也不能只是依靠别人，而是要自己想方设法解决问题，并在破解问题的时候，品尝来之不易的精神馈赠。从这个意义上说，学生不只是有效地解决了值周与学习的关系问题，而且还在心里建立了一种生命自信。如果说以前教师是其解决问题的导师的话，现在他们已经破茧而出。这种生命的飞跃，始于值周，却会跟随其一生。所以，教师的放手，还不只是对于学生当下的释怀，还有对其未来更好发展的期待。

做个甩手班主任

魏书生：1993年1月18日，我在宁夏体育馆中间的篮球场上给银川十五中的学生讲《得道多助，失道寡助》，四周看台上坐的是从四面八方来的老师。翻译课文时，学生让我给译，我说："我这个人很懒，总让学生自己试着干，实在不行了，我再帮忙。"学生没了依靠，便自己查资料，讨论翻译，也译出来了。课讲完了，我征求同学们的意见，一名男同学说："老师'懒'，学生才勤快，能力才强。我对老师的'懒'感到满意。""正因为我对老师的'懒'感到满意，正因为老师'懒'，学生才勤快，能力才强。"我接下来说："这就是俗话所说的，没娘的孩子早当家。"

"没娘的孩子早当家"这个道理，我一遍又一遍地向一届又一届的学生讲，意在引导学生不要什么事都依赖父母，而要更多地为父母分忧解愁，以增强自己的能力。

反复讲这个道理也是为了使学生不要什么都依赖班主任，而要以班级主人的姿态为班级做工作，为班级尽责任，这样才能增强自己的管理能力。

我发现，有的班级管理效率低，重要原因就是班主任集权于一身，事无巨细，统统亲自出马、亲自决定，忙得不可开交、焦头烂额。学生或是莫名其妙，或是手足无措，或是紧张焦虑，或是隔岸观火，帮不上忙，也不会帮忙。结果，按下葫芦起来瓢，效率甚低，最后班主任集烦于一身，集怨于一身。

多年来，我一直跟学生讲，老师之所以不管班级具体的事，之所以做甩手班主任，主要不是因为我的事多，省时间，而是为了培养学生的能力，增强学生管理班级的能力，增强学生协调自己与他人、自己与集体关系的能力。

陶继新：“懒”是一种表象。

孩子的自主管理意识需要培养，成人更需要领导的信任，更应当具备自主意识。我在山东教育社当总编辑的时候，很少过问各个报刊的编务事宜。是不是自己没有责任感呢？不是的。因为我发现，各个报刊的主编很有水平，而且很有责任感。我不过问的时候，他们都特别尽心尽职。比如山东教育社《现代教育导报》的主编范宗武，每期报纸清样出来后，在编辑部看完，还是不放心，还要拿到家里，睡觉之前再看上一两遍。所以这个报纸错误少，质量高。不过，由于近乎彻底地放权，我的权力的确小了，甚至连发一篇文章都要交给主编或编辑，让他们来定夺。但是，他们的积极性高了，报刊的质量上去了。当然，我也有了很多属于自己的时间。所以，在山东教育社当领导期间，我读了不少书，写了大量的文章，也在全国讲了很多课。如果不是如此放手，就没有我今天的这种状态。这可以说是一举两得。而您更是如此，您出了那么多的书，讲了那么多的课，不但学生的水平高了，而且您的思想也播撒于整个中国教育大地上，给无数的教育之士送去了精神食粮，您成了当今中国教育界的一道奇美的风景。

培养好学生干部

常务班长成为班级关键人物

魏书生：培养一批热心于班级工作的干部。班级要实现管理自动化，先要培养一批热心于班级工作的干部。班委会委员、团支部委员、值周班长等，这些干部中最关键的是常务班长。

我们班的常务班长，用我校老师们的话说，其实就是一位班主任。班级从纪律、卫生，到出勤、学习、体育、劳动、集体比赛、社会服务，都由常务班长总负责。

常务班长的选择确定，是我新接一个班之后的一件大事。

陶继新：常务班长是班级学生的“领袖”，如果充分发挥其作用，自然就能使他起到班主任的作用。可是，如何发现这样的“领袖”人物，如何让其走马上任，当是一个值得研究的问题。

魏书生：我先注意发现上学放学时身后都有一些学生跟着的“孩子王”，这样的学生一般都有组织能力，所以才成为“领袖”人物。再注意从发现的几名“领袖”人物中，再发现心地善良、胸怀开阔的。“领袖”人物有两类，一类凭好心、凭帮助别人、凭能容人，取得威信，这样的威信能够长久。也有个别学生凭逞强霸道，暂时吓住了几个人，似乎也有一定的威信，但难以长久保持住自己的威信；即使保住了，他也活得很累，和同学的关系总是处于紧张状态。在心地善良的“领袖”人物中再对比一下谁的头脑聪明、思维敏捷。即，有组织能力；心地善良，胸怀开阔；头脑聪明，思维敏捷。我选择常务班长主要看这三条。

陶继新：班长要有班长的威信，要有一定的号召力。所以，组织能力是必不可少的。不然，对他的话，大家就会置若罔闻。教育的要义之一，就是培养善良之人，班长是全班同学的榜样式人物，当然要有善良的品质。如果没有善良的品质，即使组织能力再强，也不会起到“班主任”的作用，甚至适得其反。头脑聪明同样重要，因为班长需要处理不少班级事务，这是需要智慧的。而思维敏捷者，多有应变能力，可以有效地解决班级问题。看来，您是既重品德又重学习，只有二者兼备，才能成为班长啊。这既符合选择干部的标准，也符合学生的要求。

魏书生：大部分常务班长由我提名，同学通过，有时也由我任命。刚开学就能发现常务班长的人选吗？第一天不容易看清楚，过了三五天，就能发现几名人选，拿不定主意怎么办？可以让七八位候选人轮流当值日班长，每人轮上四五天，一个多月后，几个人的差异便显露出来了。

倘若再拿不定主意，可宣布几个人同时为代理班长，轮流负责，过一段时间，再征求同学们的意见，便能确定了。

陶继新：选贤任能不能草率从事，所以，您特别慎重。您有两个重要方法，一是要在一段时间里观察谁能胜任这一要职。我觉得，您是很有智慧的人，谁优谁劣，通过观察与使用，您就会心中有数。您的高明之处还有一个，就是征求学生的意见，正所谓“群众的眼睛是最亮的”。两者相结合，常务班长就可以确定下来了。这基本可以做到万无一失。有了这么好的帮手，您的班主任工作也就轻松自如了。

魏书生：1988 年入学的那届学生，我采取了竞选的方式来产生常务班长。原因是这届学生相当活跃，愿意当班长的较多。谁想当班长，便在竞选班长的班会上发表竞选演说。

有一次辽宁电视台记者来采访，恰逢我们班召开竞选班长的演说会。记者在录像过程中不断称赞学生的讲演才能和为治理好班级而想出的闪耀着智慧火花的办法。

每名演说者都要说明自己为什么要当班长，以及会采取哪些具体可行的措施建设好班集体。这届班长竞选演说由上届班长负责主持，那次参加竞选的有 8 名同学，经过比较，大家觉得王海波同学的措施更切实可行，投票时，王海波的票数遥遥领先。

谁当常务班长，谁便有权提名其他班委会成员，由此组建团结高效的班委团队。

陶继新：竞争上岗，可以让有为者脱颖而出。一个班里人品最好、能力最强的学生走马上任，行使权力的时候，他就会游刃有余。由于班长是由全班同学选的，自然就有相当高的认可度，也就有一定的威信。他提名其他班委人选时，肯定会优先考虑品德与学习二者兼优。这样，这个班子基本上就集中了全班的精华，工作起来自然就卓有成效了。

这样一来，您这个班主任的权力就很小了。不过，这反映了您一贯的思想——充分相信学生，最大限度地放权。结果，既锻炼了他们，成就了他们，也给您腾出时间读更多的书，写更多的文章，作更多的报告。这是双赢，既各得其所，又各得其乐。

值周班长、值日班长应运而生

魏书生：学校的值周工作，每周换一次领导、教师和值周班长，每周对各班纪律、卫生、出勤、眼保健操、集体舞的情况做一次全面的评价。

班级的值日班长每天换一次，班级总体工作由常务班长全面负责，两者和学校的值周工作联系得都不够紧密。

为强化班级管理，为使班级管理与学校值周工作实现某些方面的同步，我尝试设立值周班长。

值周班长的人选自报，由我确定。一般都是班内责任心强、头脑聪明、思维活跃、勇于大胆开展工作、组织能力较强的同学。每学期每班挑选 10 名同学，轮流负责。每人轮过两周，一个学期就结束了。

值周班长向常务班长负责，可以指挥值日班长。设立值周班长的好处在于减轻了常务班长的负担，使组织能力强的同学获得了较多的进一步增强能力的机会。另外，值周班长要根据上周班级管理状况，围绕一个中心问题开展本周的活动，能对本周诸位值日班长加强指导，克服上周班级管理的薄弱环节，提高本周班级评比的分数。

亓峰、滕育新、雷蕾等同学当值周班长都当得非常出色，他们既善于为常务班长分忧解愁，又能指导值日班长不费冤枉力气，把工作做到点子上。

有的值周班长还提前找本周的 7 名值日班长开会，讨论上周管理中出现的问题，分析上周扣分的原因，提出下周改进的具体措施。

由于值周班长和常务班长、值日班长的职责有相互交叉的地方，而权力没有常务班长那么大，职责又没有值日班长那么多、那么细，因此，能力强的同学干起来有声有色，而能力较弱的同学则常常觉得自己可有可无。

值周班长工作自开展以来，总体来讲没有常务班长和值日班长那么好，这是有待今后努力的。倘若所有的值周班长都能像亓峰、滕育新、雷蕾那样开展工作，班级管理水平将会提高一大步。

陶继新：值周班长是介乎常务班长与值日班长之间的一个角色，他可以分解常务班长的工作，也可以指导值日班长的工作。如果工作得力，就会使班级工作大有起色。可是，如果工作不得力，就会成为常务班长与值日班长中间的一个障碍。不过，您的智慧是常人所不具备的，您会巧妙地协调他们之间的关系，从而使不同层次的班级领导既各得其所，又各安其位。其实，班级工作本来就没有定法，您的很多做法多是属于您自己的创造，是有“魏”字“商标”的。所以，勇于探索，就一定会有收获。

魏书生：我想特别说说我们班的值日班长。

常务班长工作多，负担重，集班级大小事务于一身，显然既不利于提高班级工作的质量，也不利于常务班长自身的学习。于是我自1983年开始设立值日班长。

我觉得，替学生做他自己能做的事，同替学生吃饭一样有害。学生若失去了吃饭的机会，便失去了生理上汲取营养的机会；若失去了做事的机会，便失去了心理上汲取营养的机会。

我们设立值日班长，便给每个同学都提供了做事的机会，提供了施展才能的机会。

值日班长，按学号轮流，每个人都要当，轮到谁，谁便从早到晚对班级工作负责任。

陶继新： 这样一来，更多学生有了当班长的可能。虽然只当一天，可是能让他们感受到当班长的自豪。我发现，即使平时表现得不太好的学生，他也能尽心尽力，甚至做得非常好。这样，既减轻了常务班长的负担，也使得更多的同学有了责任意识。当一个集体中大多数人都想为这个集体而努力上进的时候，这个集体自然就有了生机与活力。

班干部各安其位，各司其职

魏书生： 有一次我外出开会半个月归来，发现膀大腰圆的体育委员不组织体育活动了。这名同学跑得快，跳得高，投得远，是全市有名的运动员，还有一定的组织能力，今天怎么不负责任了呢?

我问经过竞选新上任的班长郭丽娇：“怎么体育委员不负责任?”郭班长答：“我把他撤了！”“为什么撤他的职?”“他工作忽冷忽热，

凭自己的情绪，高兴时一心一意工作；情绪低时，体育活动谁愿干啥就干啥，他不管。不撤他的职，咱班体育活动的成绩上不去。”

这是她作为班长职权范围内的事，我尽管有点不理解，也不好更改过来。

郭丽娇任命了一名女同学范海蓉当体育委员。

初冬的一天下午，寒风凛冽，寒风中班长郭丽娇正同另外两名同学立正站着。我从办公室出来，见操场上这三名同学冻得发抖，便不解地问：“这么冷的天，你们在这儿站着干什么？”

“我们犯错误了。”

“犯什么错误了？”

“按体育委员规定的集合时间，我们迟到了一分半钟。”

原来这天下午第三节活动课，体育委员规定要练集体舞，以参加学校的集体舞比赛，规定上课铃响便立即集合。班长和这两名同学有点别的事，来晚了一分半钟，体育委员为强调纪律的严肃性，便罚她们在操场上站着。

我反对体罚学生，但新上任的班干部由于经验不足，而偶然使用一点体罚办法，当时我并没制止，以便维护班干部的威信。过后我找到班干部说明这样做为什么弊大于利，并让全班同学设身处地地理解班干部当时的心情。

更重要的是要引导全班同学树立这样的观念：只有对同学严格要求、不讲情面，才是对同学的尊重，才是对同学最大的关怀与帮助。

看到范海蓉是郭丽娇亲手选出的体育委员，对班长郭丽娇尚且如此不讲情面，别的同学就更服从命令了。郭丽娇心甘情愿接受体育委员的惩罚，威信反倒更高了，大家觉得她身为班长，以身作则，于是更敬重她，她则成为竞选连任时间最长的班长。

陶继新：领导的一个重要素质，就是敢于担当责任。班长郭丽娇既然被选为班长，就有责任将这个班子带好。所以，如果班子成员有负众望，撤其职务应在情理之中。可是，这也需要勇气与正气。我觉得，郭丽娇将来是可以担当重任者。现在一些单位的领导，没有是非感，没有责任感，一味地当老好人，好的不敢表扬，坏的不敢批评，更遑论撤去某个人的职务了。可是，这种被孔子称为“德之贼”的“乡愿”式的人物，往往可以稳居其位。然而，这个单位会形成一种是非不清、好坏不明、干好干不好一个样的风气。它会影响这个单位的发展，也会腐蚀这个单位员工的品质。而这个郭丽娇如果走进这样的单位，大刀阔斧地进行改革，就会在一段时间内改变这个单位的面貌，让正气上升，邪气下降，从而使这个单位走上良性发展的轨道。从这个意义上说，您也是在为未来社会培养优秀的干部人才。

新换的体育委员范海蓉有“青出于蓝而胜于蓝”的态势，她竟然惩戒了班长。这在一般人看来有点不通人情。可是，正因如此，才可以看出范海蓉人格的可贵之处。同时，也让我们感到，郭丽娇真是慧眼识人才。更可贵的是，她坦然地接受惩戒，对范海蓉不怨不气。这更昭示了这个班长的高尚品质。

一个班有了这么好的班长与班干部，您这个班主任休说外出半个月，就是外出几个月，也不会出现大的问题，甚至他们会做出一件又一件令您惊喜的事情来。

魏书生：有一次，到德国同外商谈判归来的刘斌同学来看我，他是我带过的第二届毕业班的常务班长。他回忆起当年的学习生活，谈到刚当班长时，还对老师把什么工作都交给他做有些不理解，现在想来，正因为那时做的工作多，才锻炼了自己的工作能力，激发了自己的学习积极性，发挥了自己的创造性，到现在，面对一个全新的世界，才充满了信心。

没娘的孩子早当家。孩子学会当家，学会理财，学会处理各种人际关系，处理有关的社会事务，显然有利于他们步入社会。他们步入社会之后，工作能力肯定要比从小娇生惯养，长到十七八岁还要母亲给洗袜子，长到三四十岁还在琢磨怎样“啃老”的人强得多。

陶继新：让常务班长有更多的责任与担当，也是对他们最好的锻炼。其实，每个人都有很大的潜能，可是，如果不给他提供发挥潜能的机会，这些潜能就会沉寂下去。我在曲阜师范学校教了三年半的文选和写作课，也当了三年半的班主任。对于班干部，我虽然没有实施竞争上岗，可是，对他们是特别信任的。有的人甚至认为我做得有点过分了。比如，有一天，团支部书记和班长来找我，说要发展两个团员，征求我的意见。我很认真地对他们说，这个问题你们不应当向我汇报，这应该由你们自己决定。于是，他们自行发展了两个团员，而且普遍反映非常好。现在，当年的团支部书记刘利民成了《济宁日报·教育周刊》的主编，班长张宪常则任济宁市委副秘书长。谈起在学校的情况，他们两个对我都特别感谢，并说当时我的充分信任与放手，为他们以后干好工作奠定了基础。

承包竞争大大激发了学生的热情

魏书生：我在班里实行了承包制，让学生承包抄写一些格言，承包检查伟人传记阅读，承包检查每个同学的日记。学生孟阳说，魏老师，你让我们每天都办班级日报，按学号轮流，每个人都办，全班倒数第一、倒数第二的学生能办好吗？我说，我的指导思想一直是这样的：到魏老师这班来了，按学号轮流，是人都办，你办3月5日的，他办6月7日的。老师，我们办不好。我说，我根本没有指望你办好，第一期班级日报，你努力往坏去办，能办多坏就办多坏，咱看它有多坏。我就是要让学生牢牢树立这样的观念：一件事儿办就比不办强，走正道比走邪道强，行动比空想强，每个学生都行动起来，这个集体的面貌就绝对不一样。不怕失败，不怕干不好，只要每一个人都在行动，都在朝前走。谁管班级日报？张德龙。张德龙要提醒李建，后天该你办报了，事先准备好。很简单。谁能故意往坏里去办？他一旦按照办报的程序去办，就一定不会办得太坏。我们班什么都是有程序的。办班级日报，每个人都准备54厘米长、37厘米宽的报纸、图画纸，上面空3厘米，以便放到夹子上装订；左右各空1厘米，显得有边有沿；报头占3.5厘米；当日新闻头条占多大面积都有规定；文字科、词汇科、文章科各有什么毛病，则在前一天的日报中找。一旦按这个规矩去办，你想坏都坏不到哪儿去。现在你想看我们班20多年以前的班级日报，想知道1985年11月18日那天我们班是怎么过的，我们就能找到21世纪合订本、20世纪合订本、20世纪80年代合订本、1985年合订本、11月合订本，然后就可以找到。合订本放在那儿，上面写着班级日报合订本、1985年11月办报、班级几年几班、装订人谁谁谁。翻开封面，第一天为11月1日，德智体美劳各项活动写得一清二楚，2日，3日，4日，一直到30日，一年一年就是这么办起来的。

我们班的报纸就是这样办起来的，非常简单。可以办不好，但必须办，于是有人承包管理这件事儿，有人承包每天去办，还不怕办坏。这样，还有什么做不好的？一旦习惯了，还用老师去推动吗？所以我这个班主任就当得特别轻松。

在培养习惯的现场会上，有人问，魏老师，你看见没有，学校的桌面、桌罩都这么干净，有统一要求吗？我说，统一什么？班级统一就行了，一个人管就行了。干干净净的就行，先都蒙上。王路就管这一件事儿，他能管不好吗？桌罩蒙了，有一个同学书桌上没放座右铭？不可能！有四位同学承包座右铭。座右铭写什么？有三部分内容：其中之一是最崇敬哪个好人。我最崇敬周总理，很多人也写周总理，也有人写最崇敬的人是孔繁森、焦裕禄、华罗庚、陈景润、居里夫人、爱因斯坦、爱迪生，他们都是好人。我说，崇敬谁就经常想着，用他身上的精神充电，一个人一辈子研究一个人研究透了，你从他身上吸取的精神力量就相当多了。

很多人想不明白，魏老师不在家，学生傻乎乎的，怎么能学呢？你说这些事儿，做下来没有停止的，习惯养成之后，谁都会多一些自豪感，这样，它能停止吗？这些具体的要求、具体的规范使他们根本不研究老师在家不在家，他们就是做自己的事，做了一件又一件。有人说，有一个学生椅子上的螺丝松动了，没及时拧紧。不可能！杜春辉专门承包拧紧每个同学椅子上的螺丝。有人说，魏老师的学生有一个做操时没穿运动服。不可能！赵亮就承包运动服这一件事儿。有人说，运动服穿了，可胸前没戴班标。不可能！赵林专门承包班标。每个人胸前都戴着有自己的照片、姓名、学号、班级的班标，都经常想到自己的责任。有人说，班标戴了，有一个同学做操时没戴白手套。不可能！有专人承包。我当校长的时候，全校学生，春天、秋天、冬天做操时，全戴白手套。

什么叫管理？管理就是把这些该干的事儿，管住，做好，做细，而且总有新的感觉。一旦这些事儿都做好了，你想出什么事故，想出什么不好的事儿，都出不来。越这么管越好管。比如管手套，有人说，魏老师，你有时间管手套吗？我说，我闲得啊，我管那些事儿！谁管呢？我们班赵文宇承包手套。那天我看到他的书桌里放了一大堆手套，我说，赵文宇，你的书桌里放一堆手套干吗？老师，你忘了我是承包手套的？我说，你承包手套，弄一堆手套干什么？老师，咱们班要是谁忘了戴手套，我临时借给他戴，这样，咱们班就不会因为有人上操没戴手套而被学校扣分了。我说，这个管法不好，你这不把大家管懒了吗？老师，怎么能把他们管懒呢？我说，大家都知道你这儿有手套，以后谁都不戴了，都来朝你借，你能借得过来吗？老师，不会都来朝我借的。我问，为什么？我这儿不白借，老师，谁借戴一个课间，就得写250字的借条。我说，戴一个课间250字，也太“贵”了，他要是不朝你借怎么办？老师，不会的。我问，为什么？老师，你想想，他要是不朝我借，一伸手我发现他没戴，他就得写500字的说明书。赵文宇学习很一般，可管这件事儿管得这么到位，你说，咱们管什么？

1984年，上海的记者到我们班采访，外边冰天雪地的，十分寒冷，可一进我们班教室，看到窗台上一排鲜花正在盛开。记者问道，这么冷的天，你们班的花怎么开得这么好？我说，非常简单，花长承包养花，花死了由他负责。有花长，有鱼长，你说这个班集体不就充满生机和活力了吗？老师管啥？啥也不管！所以，我这个班主任肯定是当得最轻松的班主任。

陶继新：我很欣赏您让学生办报，因为我本身就是一个办报纸办刊物的人。每一个人都各安其位，各干其事，当然就不会办不好。

可是，如果仅由主编一人大权独揽的话，大家的积极性就不高。主编即使有天大的本事，也不可能一个人办好报纸。我有一个朋友曾负责一个报纸的工作。他是大权在握，什么事都过问，报纸上的每一篇稿子他都要看，哪篇稿子放到什么位置他都要签字。结果，天天加夜班，曾经两次因为操劳过度而在深夜被送到医院抢救。可是，编辑部的编辑们不但不称赞他，反而意见非常大。后来大家群起而攻之，他只好主动辞职。

您的学生的能力肯定没有这个主编强，他们更没有他办报的经验。可是，由于大家群策群力，人人都有事可做，人人都有自己的办报自主权，反而办得相当不错。这就是您的高明之处，您既调动了群体的积极性，又培养了大家办报的能力。

在我采访的一些优秀班主任中，有的就从您这里学到了“真经”，放手让学生去做很多事情，结果也取得了良好的效果。其实，每一个学生都有巨大的潜力，关键是能否将这个潜力挖掘出来。您的学生就有让人想象不到的创造性，那个管手套的同学的绝招，估计魏老师您自己都没有想到。他的 250 字的借条和 500 字的说明书，可谓绝妙。而且，在他创造这个绝招之后，他自己也感到自豪，因为很成功。

当一个学生拥有成功感的时候，他就会自然而然地生成一种自信心。这种自信心会“道法自然”地辐射出一种能力。当拥有这种能力时，他又会更加自信。于是，就有了一种良性循环的状态。所以，看起来非常难管的班级工作，在您看来，却是易如反掌之事。

魏书生：我对学生说，在这个班集体你最不服气的是谁，就写出他的名字，指名道姓，用半年时间追上他。我曾当过 92 个人一个班的班主任，全班 92 人谁也不缺席，坐得密密麻麻的。我鼓励第 92 名同学，我说，你把第 91 名同学的名字写到座右铭上，争取用半年时间追上他。老师，你瞧不起我。我说，我怎么瞧不起你了？我本来就比他强。我说，比他强，怎么考到他后头了？老师，我政治有半年都没背了，我可烦政治了，也没写作业，政治一科落了 6 分，总分才少 2 分，老师，我政治稍微看一看，就跟他拉平了，总分我还多 4 分呢。必须调动倒数第一的同学不服气的这个劲头。我说，行，你不服气，就写上他的名字，天天盯着他，用半年时间追上他，期末你赢了，就再盯一个不服气的，期末又赢了，就再盯一个……这样，你就等于天天成功，天天胜利。听老师的话，目标定得低一点，多赢点。老师，放心吧，我要多赢几个。我跟他这么说，我跟第91名也这么说：你服第90名吗？老师，我不服。我说，不服就赢他。90名不服89名，89名不服88名，一个不服一个，我那个班级每个人都写着自己不服气的人，总在盯着，前有榜样，后有追兵，最后那个人，他能不着急吗？

陶继新：您掌握了学生的心理，那就是不服输。可是，如果不能积极地激发，就会适得其反。关键是您给了这样的同学一种力量，一种向上的心理需求。特别是当这样的同学真的赶上了自己不服气的同学的时候，他就会特别兴奋，特别自信。而且，这种良好的情绪，还会不断地延伸到其他方面，让其本来并不理想的生命状态，有了美好的前景。

我所采访过的全国特级教师信金焕是一个传奇性的人物，她所教的班级，在2012年高考中，每一个学子都考上了理想的大学，而且有11位学生被清华录取，2位学生被北大录取，还有1位获得了国际奥赛的金牌。可是，送走该班之后，信老师就接手了一个被大家称为“落后班”的普通班。

开学第一天，一进教室，映在她眼帘的便是一片乱哄哄的景象，那种懒散与随意的神态，以各自的形态书写在不同学生的脸上。他们认为自己前程暗淡，更无奋斗的目标。

为此，信老师在第一堂班会上就响亮地提出了“身在普通，心在巅峰；唯一必夺，唯冠必争”的口号。她铿锵有力地对同学们说：“不怕狼一样的对手，就怕猪一样的队友！你们虽然在普通班，暂时不能和实验班、奥赛班在学习成绩上一比高下。但是，你们可以‘心在巅峰’，有一种高昂的精神状态。那么，奋斗下去，有一天终会超越实验班和奥赛班！”

信老师认为，这些学生之所以状态不好，成绩不佳，是由历史等诸多因素造成的。不过，他们却有着巨大的潜能，关键是要鼓起他们的精气神，树立起“我能行”的信心与决心。

首先，信老师让他们在会操比赛上获得了突破。

学校的跑操有一个相对固定的排序：奥赛班在最前头，接着是实验班，最后才是普通班。毋庸讳言，奥赛班、实验班的学生不仅仅成绩好，行为习惯、意志品质等也特别好，即使跑操，奥赛班也有独领风骚之美，实验班也远远超过普通班。

可信老师认为，当普通班的学生有了“心在巅峰”精神气象的时候，跑操也就有了异军突起的可能。为此，她对年级主任说：“为什么跑操站队的时候非得奥赛班在前头，普通班就不能排在前头吗？如果本周会操比赛我们得第一的话，我们班就要站到年级队伍的最前头。”

信老师告诉她班的学生，学习成绩是历史留下的，可以暂时落后；但会操比赛，比的是士气，比的是班级凝聚力，我们必须要赢！

听信老师如此一说，学生们一个个斗志昂扬，呈现出“欲与天公试比高”的气势。

一周后的会操比赛，信老师的这个班出人意料地斩获了第一名，让所有的奥赛班和实验班刮目相看而又自愧不如。

下一周再跑操站队的时候，他们班意气风发地站在了全年级的最前列，即使喊起口号来，也是豪情满怀。

跑操获胜激发了孩子们向上的激情，不仅会操比赛稳居年级第一，在学习上也有了新的突破，在考试成绩上实现了很多“不可能”：第一次考试年级第五，第二次第二，第三次第二，第四次第一。于是，“双优班集体”的荣誉也一直伴随着他们。

这个愈战愈勇的普通班，在级部让确定班级挑战目标时，班长和同学们商量后竟然信心百倍地对信老师说：“不挑战任何一个班级，我们要以一挑九，挑战整个年级。”

信老师说：“自从有班级挑战以来，都是一对一，即一个班级挑战一个班级，最多是一对二，所以，我不敢提出这样的口号。不过，既然大家提出来了，我尊重你们的决定。”

年级挑战大会上，这个班宣读挑战书时，台下旋即一片哗然，大家有一种不可思议的震惊。而信老师这个班的全体同学，却一起站立起来，激昂地高喊着口号，让整个会场激荡起了一种刚烈而雄浑的回响。“以一挑九”让这个班空前地团结起来，他们以一种破釜沉舟、背水一战的姿态奋力向前。

为了确保挑战成功，信老师组织了一次班级绑腿比赛，全体男生和全体女生对决，让学生真正理解什么叫有诺必行，什么叫班级精神！她让班上所有男生的腿绑在一起，所有女生的腿绑在一起，然后进行比赛，从操场的这头走到那头，然后再回到起点，看看哪一队能够取胜。

40多个男生和30个女生的腿分别被绑在一起的时候，走起路来困难之大堪称“难于上青天”，如果有一个人走不好，其他同学就有可能随即摔倒，甚至整个队列也会应声倒下。尤其是拐弯的时候，更需要整体的平衡和协调。所以，只有齐心协力、众志成城，才能取得胜利。

其实，这个时候谁赢谁输已经不重要了，关键是由此形成了集体的合力与能量。恰如《周易》所言：“二人同心，其利断金。同心之言，其臭如兰。”

当同心同力而行的时候，就会无往而不胜。最终，这个班以一挑九大获成功。

此后，班级连续5次考试都是年级第一，并在期末获得了“优秀班集体”的荣誉称号。

俗话说：“授之以鱼，不如授之以渔。”给他鱼吃，不如教给他打鱼的方法。而信老师认为，和“授之以渔”相比，还有一种更高的境界，那就是“育之以精神”，激发学生向上的欲望，使之成为他们由内而外的一种渴望，培育全班每个学生昂扬向上的精神。

精神焕发会让生命生发出前所未有的能量。其实，这种能量原本就有，只是不少时候，被老师忽略甚至任其泯灭掉了。而生命只有一次，让学生的这种能量迸发，让精神光芒闪耀出来，才是老师“功莫大焉”的一个壮举！

魏书生：其实，这也是循序渐进的过程。让一个人办事儿的时候，别给予他太大的希望，一定要从简单的事儿做起，循序渐进，持之以恒。开始别让人家感觉难，包括对全校倒数第一、倒数第二、倒数第三的学生。有人问，魏老师，全校倒数的学生也能给你当副班主任吗？我说，肯定能，就看让他干什么，别难为人家，也别放松人家。让人家当地球球长，他当不了，就让他管联合国，联合国管不了，就让他干国王，国王干不来，就干省长，省长干不来，就干市长，说想干市长没有机遇，那就好好当村主任，村主任也没当上，就干村民，好好种好自己的一亩三分地。也别去忙着瞎揽摊子，一个集体就怕瞎揽摊子。每个人都静下心来做自己的事儿，安分守己，各安其位，各得其乐，各尽其责，然后各显其能。

要让大家都感觉这儿有个位置。有人说，他们能帮你干什么事儿？我说，他们能帮我做很多事儿。全年级倒数第一的，长得可壮了；六班倒数第一的学生比我高半头；四班倒数第一的学生比我高一头，可壮了。我说，张军、李建、赵伟，你们都是魏老师的学生了，你们也要参与班级管理。老师，我们管不了人。我说，管不了人，咱不管人，咱管物。老师，我管什么？张军问我。我说你管水桶。老师，水桶个儿太高。你管水壶。老师，水壶也不小。你别跟他生气，如果你说“笨包，你连水壶都管不了，我也不愿意管你了”，这不就谈崩了吗？你当不了村主任，那就当村民吧，种不了大片地，就种一分地吧，一分地种不了，就种这一垄，我用的是这个办法。那你管茶杯吧。老师，茶杯怎么管？我说，非常好管，同学们喝水的时候，把它从茶盘里拿起来，倒上水，水喝掉了，如果忘了把茶杯放回茶盘里，顺手放在自己的课桌上了，你的任务非常简单，把它拿起来，放回茶盘，杯把朝西，就完成任务了，这个怎么样？老师，还有别的吗？没有了，怎么样？老师，这点事儿我保证能管好，这不是只要是人就能管好吗？我说，是是人就能干的事儿，你就干这点事儿。老师，我肯定能管好。以后他天天盯着这个茶杯，谁一喝水他就盯着放没放回去，谁放在课桌上，他就跑过去，拿起茶杯，放回茶盘，杯把朝西。大伙就说，谁说张军淘气？这么小的事儿他都知道关心集体！他听了心里热乎乎的。通过这件极小的事儿就把他和集体联系起来了，让他感觉到集体里有他一份。

李建问我，老师，我干什么？我说，你擦这椅子。擦着擦着他喊道，老师！什么？我发现一个活儿没人干。什么活儿？老师，怎么暖气片没人放气？有的暖气片不是有放气阀吗？放放气便于循环畅通，循环效果好。我说，是，怎么没安排人放气呢？你提这个问题干什么？老师，我想放气。我说，行啊，你放气吧，你别擦椅子了。不，老师，我想俩活儿一起干。我说，你干得过来吗？老师，我试试吧。干了一段时间后他又找我：老师！什么事儿？我又发现一个活儿没人干。我说，你怎么净发现问题呢？老师，真的。什么活儿？您那个办公桌没人承包。我说，承包它干什么？老师，外来的老师都翻您的桌子。我说，我怎么不知道？老师，趁您不在家的时候，大伙儿都翻。

陶继新：您所说的这些事，看起来真是小之又小，可是，承包了这件事的学生感到并不小。特别是他们非但不觉得是一种负担，而且有了一份沉甸甸的责任。这个时候，您不想让他干好，都不太可能。有一个成语叫“无事生非”。当每一个学生都有属于自己的“责任田”时，他就因为有事要干而少了一些是非。同时，由于每一个人都有自己的“责任田”，所以，无形之中还有一个比较。我在农村种责任田的时候，就希望自己田里的庄稼长得更好一些，其他农民也有同样的心理。于是，都千方百计地经营好自己的责任田。学生也有同样的心理，他们也会想尽办法，将属于自己的“责任田”经营得超过别人。如果一个班级里人人都有这种想法，样样事情都有人承包，班风班纪不就都会很好吗？班主任不就可以“无为而治”了吗？

我感到您的班级管理工作犹如庖丁解牛一样，真正达到了游刃有余的程度。庖丁为什么能够如此出神入化？关键就是其“道”“进乎技矣”。而您的班级管理也有一个道在，即您经常说的“民主”与“科学”。因为民主，学生相信您，崇拜您；也因为民主，学生有心灵自由，也就有主动发展的心理趋向，有自我成长的要求。因为科学，管理就不再盲目，而是公平、公开、合理、有序的。所以，您不但不再为班级工作所困扰，而且享受着班级管理的快乐与幸福。

尽班主任的责任

魏书生：然而，班主任是不是真的像没有一样，一点不起作用了呢？当然不是。班主任是班干部的后盾，是班干部的顾问，是班干部的教练和导演。

人都潜藏着组织、领导能力，有的人之所以发挥不出来，是因为没有后盾，唯恐做错了事，自己承担不了责任。我同一届又一届的学生讲明："老师要培养同学们的工作能力，不管谁承担哪一份工作，刚开始做都没有经验，都可能出现失误。出现失误之后，不要害怕。责任不在大家，在于老师。大家尽管大胆开展工作。特别是当老师不在家时，就更需要班干部大胆工作。班干部指挥可能会出现失误，即使出现失误了，大家也要先服从，不要争论这样做的对与错。等老师回来后，再研究确定以后纠正的方法。"只有这样坚决地给班干部做后盾，班干部才没有后顾之忧，才敢于放开手脚大胆工作。

陶继新：班主任勇于担当责任，是班干部做好工作的内在支撑力量。您的学生为什么能够如此大胆地工作，就是因为有您的大力支持。而且，这种担当意识是可以传递的。他们从您身上感受到了这种精神力量，从而也就拥有了担当的精神。在分管《现代教育导报》工作期间，我对该报纸的主编范宗武说：你大胆放手地工作，小事不必请示，大事能做的也不要请示，确实做不了的事再来找我。如果出了问题，我来承担责任。范宗武是一位很有责任感与事业心的主编，是通过竞争上岗走上这个岗位的。他将我对他的信任，化成一种主动积极工作的动力。而且，尽管我说可以替他承担责任，可是，大凡需要承担责任时，他一直都是自己承担，而且维护我的权威。这令我特别感动。在他担任主编期间，报纸从来没有出现过任何大的问题，质量年年提升，打造了一个教育大报的品牌。

魏书生：对于较复杂的问题，学生初次做时确实一点经验都没有，班主任不妨当当学生的顾问。如入学后初次组织到千山或沈阳旅游，学生不知怎样联系车辆，我则简单告诉他们几种联系方法，任他们选择。又如学生们跟部队、跟机关团体有了较深的交往时，我也给他们提供一些使关系更为融洽的方法。

有的问题是临时发生的，时间要求紧，倘若班干部开会讨论，则可能贻误机会，如突击打扫城区某路段的卫生等，班主任则完全可以扮演教练或导演的角色，比较具体地指导班干部怎样活动。自己在幕后观察，发现漏洞时也不上台，待休息时再加以指导；或如同教练要求暂停一样，悄悄到班干部身边面授机宜。

没娘的孩子早当家，那是逼出来的。倘若孩子的母亲、学生的班主任都立足于培养学生的自主能力，当好后盾、顾问、导演，那么，孩子们的自主能力一定会比自然发展出来的要更强一些。

陶继新：加缪说，没有亲身经历过的，就形不成经验。学生毕竟是学生，他们的经验不多，所以，有些问题不好解决，或者不会解决，是很自然的事情。这个时候，班主任的引领就非常重要。但是，引领不等于包办代替。我从山东教育社退休之后，到《新世纪文学选刊》（教育文学）当了一年的执行总编，并招聘了两个坐班编辑，一个当过几年编辑，一个则刚刚大学毕业。她们对于编辑工作，显然经验不足。所以，我就要教会她们如何采访、约稿、改稿、编辑、校对、联系作者等。好在她们两个一点就通，一通就干，很快就步入了正轨。不过，有的时候也会出现一些意想不到的问题，这个时候，我也会批评她们，不过，更多的是宽容，让其“不贰过”。同时，我还告诉她们，不但要做好编辑记者工作，还要不断地提升自己的文化品位。于是，我要求她们背诵《周易》等经典。有的时候，我们还会一起背诵。结果，她们的文化水平也都有了很大提升。

真诚感谢班干部

魏书生： 我发自内心地感谢我的一届又一届毕业班的常务班长：1981 届毕业班是张筠；1982 届是刘斌；1985 届，三年级一班是高岩松，三年级七班是纪磊；1988 届，三年级二班是戴明峰，三年级八班是周继明；1991 届，三年级二班是杨丹，三年级七班是郭丽娇……一名又一名常务班长不仅帮我做了大量工作，也给了我多方面的启示。我从他们身上不仅汲取到了前进的力量，也学到了许多科学的符合实际的工作方法。

陶继新： 是的，直到今天，我也特别感谢我任班主任时的团支部书记和班长，他们为我分担了很多本应由班主任做的事情，甚至替我承担了一定的责任。这样，我就有了很多属于自己的时间。参加工作之后，能够天天读书的日子也是在曲阜师范学校期间。我住在一栋单身教师宿舍楼最东边的二十来平方米的房子里。除了上课与备课，我的绝大多数时间，都用来读书与写作。就是在那个时候，我通读了《鲁迅全集》等名著，背诵了教科书上所有的文言文，发表了几十篇文章，还与同事编著了一本《鲁迅论儿童教育》，由山东教育出版社正式出版。没有这些成果，后来调到山东教育社工作，则是绝对不可能的。当时，如果没有团支部书记和班长为我担责分责，我就不可能有那么多的时间。所以，我一直感谢他们，与他们一直有着深厚的师生情缘。

教育管理

充分放权

魏书生：我教书、当班主任、当校长、当局长，没有什么大的差别。第一，当校长、当局长都是为老师、校长服务的；第二，把每个人都当成自己的助手。凡是主任能干的事，副校长不干，副校长能干的事，我不干，使劲给副校长下放权力，越下放权力，副校长干得越来劲。为什么？你信任他，他就使劲干，我就基本不干活，坐在那儿观察与思考，看出一个漏洞就稍加指导，他还挺惊讶：魏老师，你不干活，怎么看得那么清楚？我说，你看，我是庐山之外人，当然头脑更为冷静，看得直奔本质。因为咱们只是帮人家把事情干得更好，那么大家都干起来了，我这个校长干什么？没干什么。所以，在教育局局长的位置上，我也没拿局长当官，不就是大班主任吗？我一直说，我用我管理班级的方法，管理盘锦市的教育，给科长、科员、副局长、县教育局局长、区教育局局长当助手，帮助他们把自己的事情管好。大家的事情都管好了，一组合起来，盘锦市的教育也就完事了。所以俯下身子给人家帮忙，人家都努力地干事儿，也不研究局长的脸色，也不研究局长的好恶，就研究规律本身。

陶继新：孔子说："不在其位，不谋其政。"可是，有的人，特别是某些主要领导，就是喜欢谋下属的政。这有两个原因，一是对下属不放心，二是自己想掌握更多的权。其实，任何事情都有正负两面，都有利弊得失。权多了，责任就重了；将别人的权据为己有，别人对你就没有了信任，甚至产生抵触情绪。其实，这样的领导不知道这样一个道理，那就是你的下属干好的所有工作，都有你的功劳。

我认识一位校长，客观地说，他是一个很有正义感与事业心的人，可是，他就是不相信自己的下属，大事小事都是自己一手操办。即使学校要买几把椅子，也一定亲自考察，亲自去买。结果，不到两年时间，他的副校长们全部对他敬而远之，不但不做事，而且说三道四，甚至有人怀疑他从中谋利。其实，他是绝对清廉的。可是，当大家对他不信任的时候，怀疑自然就产生了。更让他想不到的是，几个副校长一起找到上级领导，要求调换工作，或者将校长调走。结果是以这位校长的离去而告终。更惨的是，他走的时候，几乎没有人给他送行。他百思不得其解，自己兢兢业业，一心为了学校的工作，反而落得这样一个下场。

2008年，我采访了一位校长，尽管只用了两个半小时，可是，他竟然接了16个电话，接待了8位请示者。而且每请必答，每答都是“一锤定音”。

在采访两位副校长的时候，他们显得有点拘谨，并言不由衷地对校长夸赞了一番。让他们谈谈校长的缺点或弱点的时候，他们却欲言又止。在我坦诚的一再请求下，他们才吞吞吐吐地说出了这样的话：“他很有能力，所以，我们这些副校长和中层干部大事小事都要请示他，他定下的事，才算定下了。”

坦率地说，这位校长并非有意揽权者，也有着极强的事业心，兢兢业业地工作，几乎所有的节假日都在为学校的工作而操劳。他自己则认为，在整个学校，他是无可替代者，也是唯一的最有能力者。可以说，他在学校里树立了绝对的权威，谁也撼之不动。大权在握且又事必躬亲的他，也没有将副校长和中层干部放在眼里。谈起他的工作，他说太累，但是，他又说，为了学校的发展，他可以“鞠躬尽瘁，死而后已”。

可是，当我采访一些中层干部的时候，一些问题渐次显露出来。有一个主任说，在校长手下工作，你不用思想，只需要服从。如果他走了，我们可能一点儿工作能力都没有了。

我觉得，这位主任真正的心里话并没有完全吐露出来。因为这样的强势校长，在剥夺下属所有的权力的时候，也对他们辐射出一种不信任的心理暗示。这种暗示积聚在下属心中时间长了，他们就会形成一种不自信的思维惯性。同时，不信任还会让他们产生一种消极的心理：既然你有本事，那么凡事都由你自己来做就行了。

更令我想不到的是，在采访几位教师的时候，竟然有一位教师悄悄地对我说：校长为什么大事小事都要管？里面大有猫腻啊！这让我吃了一惊。再看看那位教师，他似乎还有更深层的东西没有言尽。

于是，我决定，虽然采访了，但不做报道。

我并没有怀疑这位校长的人品，尽管那位教师语出有因。然而，我认为这样的校长并非优秀的校长。他太自负，对别人也不相信。更为重要的是，即使你有天大的本事，你一个人也绝对不可能将其他人的工作全部包揽下来。他事事都问事事都干的结果，是很多事问不过来，很多事干不过来。而且本可以问事干事的干部，也都退避三舍，作逍遥状。当下属处于消极状态中的时候，学校的快速发展就成了一句空话。

真正优秀的校长，只谋校长之政，其他的一律不问。这样，绝大多数干部、教师的积极性都特别高，学校也多有长足的发展。

我去采访另一位校长时，正巧赶上省级领导来学校检查。我想，只好等检查过后再采访了。没想到，校长说采访照常进行。我说，不是有上级领导来检查吗？您这个一把手不陪着怎么行呢？他一笑说，那是分管教学的副校长的事情，我不能越权行事。我说，上级领导不高兴，怎么办？他又笑道，如果整天想着领导不高兴，当校长的忙得团团转也不行。于是，整整一个上午，都是我们两个对面而谈。中午学校要招待领导，我想，校长一定要去陪领导了，我不会喝酒，最怕与领导一起吃饭，却只好与之一起去“受罪”了。没想到，他带我到了学校旁边的一家小快餐店，用了二十多分钟吃了一点便饭，便自然地回学校去了。问起上级领导，他还是一笑，说“有副校长呢”！

整个采访期间以及午餐时，他没有接一个电话，没有一个前来请示者。

下午，在采访中层领导时，我发现他们个个意气风发。看得出来，他们的心灵是处于自由状态的。说起各自的工作，他们侃侃而谈，多有亮点闪现。问及校长在其中有何指导意见时，他们笑了笑说，校长不会管得这么细，他是充分放权，要我们发挥自己的才智。校长甚至说，在很多方面，他是我们的小学生。我想，他们是不是因此不尊重校长了呢？问及他们对校长的看法时，个个由衷地赞叹。他们说，校长如此信任我们，干得再多也感觉不到苦和累。

上午接待上级领导的那个副校长姗姗来迟。我问他，校长自始至终不与上级领导见面，领导会不会怪罪？他说，不会的，我们有规章制度，哪位学校领导做什么事情，都有明确规定，包括接待也是这样，人人都不能越权行事，校长更是如此。上午上级领导是来检查教学工作的，分管教学的副校长就成了学校接待上级领导的“法定代表人”。他说，我们已经形成了品牌，上级领导也已习以为常了。

我开始研究这位校长，发现他看了很多书，而且多是高层次的书，包括教育之外的哲学、美学、经济等方面的书。他还写了很多文章，也出了书，而且在全国课堂大赛中拿了几次一等奖。

如果校长只是一味地沉醉于学校的行政事务之中，整天不读书，不上课，不写文章，时间一长，就会距文化越来越远。校长，恰恰是最应当拥有文化者。而文化缺失之后，其视野与品位势必低下。

在我采访的名校长中，我感到最有发展潜质的，不是那些兢兢业业的工作者，而是那些既有责任感与使命感，又只管大事，充分放权的人。因为他们追求一般校长所达不到的高层目标——他们关注学校发展，也在不断地提升自己。而一个校长在自身素质提升之后，尽管有可能一天只用一两个小时的时间处理学校工作，可是，由于深得管理之妙，所以能够指挥若定，将学校引向大的发展之路。这样，他就有更多时间不断地提升自己，越是提升，其思想与文化品位就越高，以至于可以与全国一流的校长进行交流，甚至可以在全国校长大会上谈其经典的治校之道并得到高度认可。这是一种良性循环，而且越是这样，校长就越是超脱，以至于能够达到老子所说的“无为而无不为”的境界。

魏老师，您在担任校长期间，还当着班主任和教师，每年在外地讲课一二百天。可是，学校照样快速发展。这个问题非常值得研究。其一，您站在一个制高点上，话语虽少，可是句句都能说到关键处。其二，您不但不谋下属之政，甚至将自己分内之权也分而治之了。您的这份特殊信任，深入大家的心中，“士为知己者死”，于是，就有了大家拼命工作而无怨无悔的景观。其三，您从自己的发展中尝到了放权、分权的甜头，而且越是下放权力，大家越是尽心尽力。其四，形成了一种学校文化，您的很多理念已经内化到副校长、中层干部以及师生的心里。您虽然不在学校，可是，您的思想在，您的管理已进入到了一种“无为而治”的高层境界。孔子说：“无为而治者，其舜也与？夫何为哉？恭己正南面而已矣。”意思是说，能够无所作为而治理天下的人，大概只有舜吧？他做了些什么呢？只是庄严端正地坐在朝廷的王位上罢了。舜可谓德才兼备的天子了，可是，他可以不用多管事情，便天下大治。为什么呢？因为他的下属无须嘱咐，就完全可以按照他的意愿行事，他自己则无须行具体之职。

当然，要想放权分权，享受到放权分权的好处，这个人就一定不能是以权谋私者，而应是恪尽职守的贤人。所以，选贤任能是一个关键，如果用了才庸德劣之人，再行放权与分权，学校就会大乱。所以，校长要将学校发展作为一项事业，不能任人唯亲，而一定要任人唯贤。舜之所以可以做到无为而治，关键就是因为任用了贤德之人。据《大戴礼记·主言》说：“昔者舜左禹而右皋陶，不下席而天下治。”《新序》则说：“舜举众贤在位，垂衣裳恭己无为而天下治。”看来，只要他手下的一批人完全按照他的思想去做事，而且做得非常好，就可以了。如果像我刚才所说的那位校长那样，事事都管，结果还是管不过来。

如果任人唯贤，人尽其职，不但学校管理可以进入一个理想境界，还会形成一种和谐的人际氛围。因为人人都有事可做，人人都想将自己的分内之事做好，这样，就少了纷争，少了扯皮，大家都一心扑在工作上。同时，每个人的潜力都很大，当所有人的潜力都充分发挥出来的时候，整个学校必然就会发生巨大的变化。

如果校长离开自己所在的学校之后，这所学校仍然不偏离其管理思路继续运行，就说明他的思想还在，说明大家对他的认可还在。我想，这才是真正意义上的优秀校长。

您当了校长，又当了局长，您的这种用人分权智慧一直创造着奇迹。是的，如果给下属更多的权力，下属就会更加努力地工作，对领导就会更加信任与支持。这个道理本来是非常明白的，可是，往往“当局者迷”。知其道，而又行其道，这才是有智慧的领导。而您，则是一个典型的智者。孔子说“知者不惑”。是的，您虽然“当局”，却一点儿也不迷惑。“一把手”不迷惑，那么，下面的人也多是明白人。当一个领导集体都处于“不惑”的状态时，工作自然就搞好了。

敬畏规矩

魏书生：我强调科学发展。什么叫科学发展？研究规律，认识规律。制定规矩，定了规矩，执行规矩，规矩面前人人平等，规矩之内人人自由，规矩之上没有权威，规矩之外消灭民主。大家都研究规律，各自做好自己的那摊事。我们那些科长非常棒了，所以，我当了两年局长，我们被市委市政府评为文明机关，这在盘锦市教育局成立以来还是第一次。我干了三年，我们被省委省政府评为文明机关，干到2006年，我们被中央文明委评为先进单位。

陶继新：这当是至理名言，也是成功的道之所在。自古就有“没有规矩，不成方圆”之说。现代社会更加强调规矩，或者称之为规则。甚至，我们应当敬畏规则。这个规则，是科学之规，是生命之规，是成功之规。既然如此，在规矩面前，就如在法律面前一样，人人平等，没有差别。有的学校和教育局虽然制定了规章制度，可是，执行起来的时候，往往因人而异，或者形同虚设。“制定规矩，定了规矩，执行规矩，规矩面前人人平等，规矩之内人人自由，规矩之上没有权威，规矩之外消灭民主”，这是您说的，更是您做到的，而且您还将之内化到了你们单位员工的心里，他们也是这样做的。于是，被评为省级与中央文明单位，也就水到渠成了。

2021 年 5 月 19—20 日，我在东北师范大学大连保税区实验学校采访谢新峰校长的时候，感到他在制定规矩方面做了非常有益的探索，比如所建立起来的“6543”教师量化考核机制，就有了制度文化的妙道。

所谓“6”，是指六项考核内容，包括师德师风、专业能力、工作业绩、常规工作、专业发展、出勤缺勤等，每一项都有科学而又可操作的标准，在这个基础上，换算出相应的考核分数。

比如对教师师德师风的考核，其中就有家长对教师尤其是班主任师德师风满意度的测评。对此，家长比一般人更为了解他们，家长的测评多能得出合乎情理的答案。为此，学校专门制作软件，直接发给家长，由家长匿名将评价意见发到软件之上，软件即可自动计算出某个教师总的考评分数。这种线上测评具有可隐秘特点，即使学校领导，也无法得知哪一个家长评价的情况与分数。所以，家长评价的时候完全可以按照自己的意愿为教师测评，从而得出十分可信的量化分数。为了促进教师自觉提升，学校将测评结果“一对一”地反馈给教师。

这对所有教师释放出一个强烈的信号，只有深爱学生且具有敬业精神的教师，才能得到家长好的评价，因为他们的孩子回到家里，会毫无保留地将教师的真情实感和盘托出。这让原本优秀的教师更加优秀，希望能够驶向“更上一层楼”的境界；也让以前对孩子不爱或不会爱和不敬业的教师反省自己，以期在下一次的家长测评中也能跻身优秀者之列。

这一举措，不但杜绝了教师违规办班的问题，也让学校的课后延时分层服务落地有声，学生在校即可在教师的指导下顺利完成作业，既减轻了学生的学业负担，也增加了他们的幸福指数。

为了让教师在家长中建立为师者的形象，教师节之前，学校给教师发了一封倡议书，要求大家过一个廉洁绿色的教师节。所以，即使有的家长主动给教师送礼，他们也会婉言谢绝，从而在广大家长中建立了教师的威信。

所谓“5”，是指教师量化考核评价具有五种技术，可以通过不同方式，对上面所说的六项考评内容进行科学有效的测定。

所谓“4”，即四个评价主体。

第一个评价主体就是学生家长。让家长对教师进行评价是当前讨论比较多的话题，但是让他们评什么、怎么评、评价的结果怎么用一直处于争论之中。谢新峰校长认为家长关注和了解的是教师的师德师风，因此要把师德师风的评价交给家长。需要说明的是，在评价师德师风的时候，一、二年级学生的家长还兼有教学满意度的评价任务，因为低年级学生对教学进行评价的时候，往往需要家长的辅助方能完成。

第二个评价主体是评委会，主要任务是进行课堂观察，深入每位教师的课堂听课，通过不同层次的课堂教学评价表，以打分的方式量化评价每位教师的教学能力。

为此，学校根据教师的教龄建立了课堂教学观察和研究制度，通过教师的汇报课、展示课和研究课进行观察与研究。不过，学校明确告诉教师们，课堂教学观察并非只是为了考评，更主要的目的还是促进教师的专业发展。所以，考评之前，学校就把具有引领性的考核评价标准发给所有教师，让他们各自循着更好的发展方向行进。为此，允许教师为了准备上好一节课而反复磨炼，正是在这种磨课中，他们有了更多的感悟和更好的发展。

同时，还有常规检查、考勤统计以及通过教案考查教师备课的情况、基于标准的教学质量分析。

此外，通过学生作业考查作业量的多少以及教师批改作业的情况，从而解决了学生课外作业负担过重和教师批改作业不太认真的问题。

第三个评价主体是学生，要对教师进行课堂教学的满意度评价。学生对教师教学水平的高下有着直接的感受，是更有发言权的群体。有了学生的评价，教师备课教学的时候，就必然要考虑是否适合学生的需求。为此，就要主动地听取学生的意见，不断地改进教学方略，以至变革教学方式和学习方式，从而真正走向高效教学的殿堂。

第四个评价主体是同事。教师们长久相处，对于各个方面的情况，彼此有着更为深入与真实的了解。同事之评，还会在无形中理顺教师之间的关系，以致让孔子所说的“君子成人之美，不成人之恶”变成现实。

通过以上四个评价主体的评价，从而形成对教师评价的一个科学的基础性的评价数据。

所谓“3”，是指考核评价的结果有三种用途，即教师量化考核评价所得出的结果与教师的评奖评优、职称评聘、解聘续聘等直接挂钩。在学期结束之前，召开学校考核评价组、家长委员会负责人共同参与的考核评价委员会，根据考核评价指标，公布对每个教师的评价结果和评价意见。据此，提出对哪些教师继续聘任，哪些教师不再聘任。

这种令人信服的评价结果，鼓舞了继续受聘教师的干劲，也让解聘的教师反思其过之后，再在其他学校教学的时候加倍努力，不再“重复昨天的故事”。

有人也曾问过这样一个问题：“把评价结果转化为量化得分固然很好，那么，转化量化得分的依据是什么？”

谢新峰校长说，为了对每个人评价公平，全校统一了评价标准，对不同学科、不同年龄、不同职称的各类不同类别教师建立了一个评价制度，并向全体教师征求意见，教代会通过，以学校文件的形式将这一改革方案固化下来。

过去传统的评，往往不知道该评什么，不知道由谁来评，不知道如何评，评完之后不知道该怎么用，而这个“6543”评价系统，则有效地解决了以上的所有问题。

这样的评价，就不再是虚晃一枪，而是真刀真枪，具有了实实在在的价值。

功归于人

魏书生：一次，国务院召开基础教育工作会议，全辽宁省 14 个地级市，只有两个市受到表彰，一个是盘锦市，一个是大连市。2001 年，辽宁省政府召开教育工作会议，全省共有三个典型发言，前两个都是大学校长，第三个是盘锦市教育局魏书生。2005 年，在国务院礼堂召开全国公用事业单位推行办事公开制度电视电话会议，全中国各行各业只有 5 个单位的代表进国务院礼堂去发言，一是卫生部副部长，二是山东大学校长，三是苏州市常务副市长，四是广州市园林局局长，五是盘锦市教育局魏书生。其实，工作都是人家县里干得好，区里干得好，我那帮人干得好，副局长、副书记都干了，但是“合成”的时候，大伙儿非说魏老师领导怎么怎么有方，让我代表去领奖。我说，我有什么方呢？我无非就是命好。

当班主任时摊上两班好学生，淘气的学生咱也觉得人家好，实际上他们也真是好。当校长时摊上一百多个好老师。当局长时摊上这么多好的机关干部、副局长、县区教育局局长，他们可好了；当然，还得摊上好的校长和老师、好的家长。还得摊上好领导。别的不说，“非典”期间，国庆安保期间，奥运会期间，所有的局长、书记、一把手，手机必须24小时开机，不许关机。魏书生没有手机，也就算了。你说人家就因这一件事要把咱拿下，是很简单的事，但是人家理解咱，我跟领导说搞搞实验，现代社会没有手机不行吗？我试试，前提是大家都把事情做好。所以，咱的助手，咱也要给人家当助手。当了局长后，我到处都觉得人家是咱的助手，咱也要给人家当助手。

陶继新：一个人如果没有做出什么成绩，反而夸大其词地说自己取得了多少成绩，不但不会有好的结果，而且连自己的人格也会丢失。如果一个单位取得了比较大的成绩，领导不是归功于人，而是一律据为己有，那么，他就会因为居功自傲而被人瞧不起，甚至连原有的一点成绩也会被这种缺点所遮蔽。什么样的人才能得到大家的认可以至称道呢？孔子说得好：“劳而不伐，有功而不德，厚之至也。”所以，“劳谦君子，有终，吉”。这也许就是人间至道吧。从表面上看，您没有做多少工作，可是，您的思想、您的智慧，不是表面工作可以替代的。这是超越一般工作的大功。可是，您如此谦虚。其实，当您将功劳归之于人的时候，人们也会将功劳归之于您。没有您，哪有这样好的人文环境，哪有如此大的发展空间！

发展学生

魏书生：接下来我还是像管理班级那样，让人人都有事儿干，事事都有人干，科员能干的事，科长不干，科长能干的事，副局长不干，副局长、县区教育局局长能干的事，咱就别替人家干了。然后再从科学的角度定规矩，定制度，定计划。我们是共同商定。人活着就得干事，就得过日子，我没有更高的要求。我在就职演说时说道：同志们，从明天开始我当局长，今天我说的，明天请大家回去落实。盘锦市的学生回家都要做家务劳动，有时间半个小时、20 分钟，没时间 1 分钟也要做，不许停下来。所以，很多人想不明白，魏老师当局长既不说升学率，也不说分数，也不说成绩，就说家务劳动，怎么弄的呢？我就觉得家务劳动是头等大事。很多人问我，魏老师，你怎么教育自己的孩子？我说，就是让孩子从小就承担责任：儿子，那事自己干，你干，别靠别人。这是根本，根本就是让他从小就做他能做的事情。所以，我从自己的孩子身上感觉到盘锦市的孩子都必须做家务劳动。

陶继新：一个大市的教育局局长，要求每个学生天天做家务，恐怕是全国绝无仅有的吧？也许有人认为做家务是小事，其实，这恰恰是大事，是学生必尽之责。现在，不少学生已经远离了家务，而且有的对父母所做的饭菜百般挑剔，对父母的繁重劳务视若无睹，还由此形成了一种心理定式，认为父母之为是天经地义之事，自己享受也是天经地义之事。中国儒家先师强调孩子要孝敬父母，甚至认为这是立身之本，“本立”才能“道生”。所以，孔子的弟子子夏就特别要求他的学生要做好洒扫应对之事。洒扫看似是简单的体力劳作，实际上却蕴涵着深刻的人生智慧。通过洒扫，他们可以放下高傲，学会谦卑，并体会到劳动的艰辛。在中国，洒扫的智慧源远流长，正所谓：“一屋不扫，何以扫天下？”更重要的是，这些事看起来微不足道，却能拉近孩子与父母之间的心灵距离。孩子们可以从家务劳动中体味到父母的艰辛，体味到父母对自己的爱。这样，他们就会有感恩之心，就会有感恩的行动，当然也就会有美好的品德。家务干多了，对父母的感恩行动，也就成了习惯。而且，大凡对父母有感恩之心的学生，往往都有一种学习的动力，这种动力比起兴趣来更加持久。这样，学生自然就能取得比较好的成绩。

2021 年 7 月 23 日上午，您在济南市历城二中举办的“第四届全国小学名班主任人文素养高峰论坛”上作了《班级管理的民主化科学化》报告，引起了强烈反响。这次讲课之前，您与历城二中李新生校长已经相识很久，并且结下了深厚的友谊。也许您从他那里已经了解到，他们也像您一样重视学生的家务劳动。

为了培养学生热爱劳动的良好品质，历城二中多次召开家长会，向家长们讲述让孩子参加劳动的意义，并明文规定，要求每名学生一定要做家务，从而体会父母平日的辛苦，并培养其生存能力与爱劳动的品质。同时，教师也据情据理地教导学生回家帮助父母做家务，且有相应的要求。家长们普遍反映，孩子通过打扫房间、买菜做饭、洗衣服等家务劳动，不但增强了自理能力，也越来越体贴父母了。

据初一年级主任兼班主任王明军老师介绍，学校设有“感恩父母课程”，其中一个重要的内容就是做家务。要求孩子在家帮助父母做些力所能及的家务，从而体会父母的辛劳与不易。家长也明白学校如此而为的良苦用心，可当孩子真要帮助自己做家务的时候，却又不忍心放手。

为此，学校将劳动作为学生在家中的一项作业，不但必须做，而且要拍照作证。为了完成作业，即使家长想帮孩子做家务，也难以如愿，只好拿起相机为孩子拍照，作为孩子做家务的佐证。

家务做得越多，父母和孩子也都视之为自然了。所以，一段时间之后，不但孩子认为帮助家长做家务是一个必做的作业，家长也为孩子有了感恩之心而高兴起来。

感恩父母的教育就在日常生活之中，日复一日地进行下去，也在孩子的心里埋下了一颗优秀品行的种子，不但当下可以显现它的美好，还会向其未来的生命蔓延，从而具有更加久远的意义与价值。

班主任张金保说，每逢假期，他都会给学生布置劳动作业，帮父母做力所能及的家务，比如要学会炒菜、做饭，不一定会炒很多道菜，但至少要炒好一两道菜；未必掌握包水饺的整个流程与做法，但至少要学好其中的一个环节。孩子不但有了劳动的意识和帮助父母做家务的积极性，也由此密切了孩子与家长的关系。全家人一起做家务的时候，那种其乐融融的景象，既是父母所向往的，也是孩子的希冀。李矿水副校长分享了一些学生通过做家务有感而发的文章，这些学生不但喜欢上了做家务，还从中悟出了做家务的特殊妙趣。比如5502班王伟奕同学所写的《食中悟道》，就有如下精彩的描述——

随着夜幕降临，我向母亲请教了一道翡翠鱼丸汤，柴米油盐酱醋茶调味着五彩斑斓的生活，一道清汤虽是平平淡淡，却不失内涵，让人心生向往。

先将鱼泥与葱姜融为一体，鱼的腥味便会神奇地消失，但它本身的味道却依然留存完好。就像是一个人，他的成长路上有着不完美，若是加以修饰，便可掩去瑕疵。但我们始终要谨记“勿忘初心，方得始终”，就像这鱼与葱姜，葱姜不可夺鱼之鲜美，鱼亦不可失其之本味。

随后先将鱼丸煮熟放置一边，锅中煮开水放入娃娃菜与各种备好的调味品，再将煮好的鱼丸放入，静候。这期间，火候要掌握得好，不可过多，不可过少。这也像做人做事，不只要做好准备，也要掌握它的度。“凡事当有度，不及难成，过之易折”这句话，同样也是下厨告诉我的道理。

这无疑是一篇言美意丰的佳作，翡翠鱼丸汤的整个制作过程，令人想起《庄子·养生主》中的庖丁为文惠君解牛时那种审美感受。庖丁自称“臣之所好者，道也”，而王伟奕同学由此悟出的做人做事之道，也有着发人深思的哲理。

5510班耿肇禧同学的《我和厨房有个约会》、5506班杨一凡同学的《人间烟火气，最抚凡人心》、5515 班刘佳琪同学的《轻倚时光的路口，静待花开》等，同样令人感动。孩子们认识到，做家务不仅不是负担，而是一种高级审美享受，而且还有了特殊的悟道之美；家长也由此改变了原有的观念，以孩子会做家务而深感自豪。

魏书生：为什么要求全市学生都做家务？因为我从自己的儿子做家务中体会到了孩子做家务的意义。我儿子很小的时候就自己洗东西，三四岁的时候我让他给我洗脚，他想不明白，爸爸你不会洗吗？我说，爸爸哪有你洗得好？你看我儿子多有本事，小手揉起来真好，真有一套。哄着他给我洗起来。趁着他不懂事的时候，把他引向正确的轨道，长大了就养成了习惯，他就觉得惦记你是理所当然的事情。我跟我儿子出门时，一个包他拎着，从来不用我动手，两个包他也拎着，有一次三个包，我说，儿子，给爸一个。他说不用。我说怎么不用呢？他说背起一个，左手一个，右手一个。他在前面走，显着自己成熟了，其实，那个时候他才十二三岁。孩子都觉得自己成熟了，咱们当家长的干什么非得抢过来给他背？我就在后面空着手，欣赏他的成熟。

我就是抓这些小事，小事抓好了，大事你就不用管了。我儿子上高中选文科理科时没问过我，他有责任、有能力自己选择；高考时一句话也没问过我考什么大学，考什么专业。我想凡是他不问我的，我就不干涉，他有这个自主权，有这个责任。研究生毕业时参加什么工作也不问我。他自己喜欢什么工作就参加什么工作吧。现在没有寒暑假了，春节的时候回家，吃完饭，他说，爸妈，你俩歇着，看电视。

他在厨房里面把锅碗瓢盆洗得干干净净，擦得亮亮堂堂的。他也不觉得，我这一米八高的男子汉，我是清华大学本科硕士毕业，现在在中核总公司工作，我干这个活，是不是有点太掉价？不是的，他就是觉得总也不回家，回家为父母分忧解愁感到很舒服。要改变人，哪有在空中喊口号改变人的？全得落到地面，做一件一件实实在在的事情。

所以，我说我这个局长抓的头等大事是家务劳动。一个人爱祖国、爱人民看不见摸不着，但是如果他不爱自己的父母，却说自己爱祖国、爱人民，放心，百分之百是骗人的，不用论证！爱父母不能挂在嘴上说一些空话，一定要从小学会心疼父母，在小事上惦记着父母，当你会惦记父母的时候，你才活得更为自豪，而不只是为自己活着，长大了你才可能惦记周边的人，或者更多的人。这几乎是铁的法则。这样的人，不但会带给别人幸福，他自己也一定是幸福的。

陶继新：非常欣赏您的做法，因为我采访过的真正成人成才的学生，几乎都会做家务。比如，我采访的第四届全国十佳少先队员黄思路，她的妈妈王晶，就特别注重要求黄思路做好家务活。有一次，全校举行杀鱼比赛，比赛一开始，参赛的学生便各显神通。只见黄思路轻捷迅敏地捡起一条活鱼，用菜刀啪地往鱼头上一拍，然后刮鳞、剖腹、冲洗，富有节奏而又干净利索，令人不由得想起游刃有余的庖丁之解牛。观众掌声顿起，齐声叫好。此时，思路又捡起第二条鱼，干脆用力地往地上一摔，活鱼毙命之际，刮鳞之声已经唰唰响起，刹那间，杀鱼的过程早已变成结果。又是一片掌声。

黄思路载誉而归，一进家门就大叫："我得了第一名！"

妈妈拍拍她的脸颊，脸上洋溢着欢笑：“真棒!”

思路的杀鱼绝活不是一日之功。尽管妈妈在她两岁时就叫她干一些力所能及的家务活，但杀鱼她做得不多。三周前学校通知要举行一场杀鱼比赛，目的是借此提高学生的动手能力。于是，妈妈便与思路一起，到市场上买来许多鱼，塞了满满一冰箱。放学归来，思路便直奔冰箱，取出两条冻鱼，一边高声地唱着歌，一边将鱼解冻并剖杀。后来，又买来一批活鱼，难度大大提高，不过，思路杀鱼的水平也日渐增长。只是一到吃饭时，看见每餐必有的鱼肉，全家人一个个食欲大减，双眉紧锁。不过，看着女儿杀鱼时的得意神情，听着女儿欢快的歌声，幸福的暖流便在妈妈心中流淌。而且思路的杀鱼水平之高，也让父母有一种惊讶的感叹。

一位参赛选手对思路说，她只杀过三次鱼，而且是为了这次比赛而杀的，平时妈妈是决不让她干家务活的，说是只要学习成绩好，妈妈再苦再累也心甘情愿。

“妈妈，你怎么和别人的妈妈说得不一样?”思路问妈妈。

妈妈对女儿说：“你可别小看家务活，你在干活的过程中能学到很多常识，不仅能提高自己的动手能力，还能感受到劳动的愉快。通过解剖，你观察到了鱼的内脏，就会对生物课感兴趣，上课时就会认真听，还能自己思考，这样就能学得特别好。通过买鱼，了解了市场的物价，学会了讨价还价，体验了买者的心理活动。正是这些切身体会，可以给以后的写作提供丰富的素材。而且参赛还有助于提高心理素质，你若适应了这种比考场更紧张的气氛、更激烈的竞争场面，以后大考时就能轻松上场，正常发挥。妈妈觉得做每一件事情都不能只看到这件事本身和当时当地的表面结果，其实，有些结果是在长期潜移默化中产生的。每一件小小的家务活里面都蕴涵着巨大的学问，你在愉快的劳动中，可以不知不觉地学到很多东西。妈妈希望你成为一个全面发展的孩子，不光要学习成绩好，还要在每个方面都有出色的表现。而你在每个方面的出色表现，实际上又可以促进你的学习成绩。这叫‘润物细无声’，你信吧？”王晶老师是教育部、全国妇联组织的更新家庭教育观念报告团的成员，她让孩子将家务活当作一门学问，也将之作为提高孩子动手能力的一种锻炼形式。同时，王晶老师也像您一样，将之作为孝敬与感恩父母的一种活动，让孩子在做家务的过程中，体会家长的艰辛，从而感恩父母，热爱父母。而一个连自己的父母都不爱的孩子，不可能去爱其他人，更不可能爱国。从这个意义上说，您要求全市学生都要做家务活，意义是非常重大的。

魏书生：第二，盘锦市的孩子都要写日记，全部都要写，不写不行，有话则长，无话则短。

陶继新：日记是孩子的精神收藏，养成了写日记的习惯，不仅能记录下自己的见闻与感受，还会形成写作的习惯，提高写作的能力。俄国著名文学家托尔斯泰就有每天晚上坚持写日记的习惯，他通过日记总结一天的生活和学习。他从年轻时开始一直写日记，写了一辈子。他早年的小说《昨天的故事》，就是完全从日记里构思出来的。鲁迅先生一生也坚持写日记，直到逝世前。要让孩子养成记日记的习惯，这对其一生的成长，都是有巨大意义的。

魏书生： 第三，盘锦市的孩子都要唱军歌。没有歌声的学校太沉闷，我的学生跟着我从 1979 年唱过来，数理化、政语外、史地生、自习课前都要唱歌。只要我一进教室，他们就唱起来。他们说，老师，一首不够，还唱一首吗？没问题，再唱。没有歌声的学校太沉闷，但也别唱那些哼哼呀呀，爱得死去活来的歌，我说，这样的歌唱完了，你不是在糟蹋自己吗？要唱那些充满精气神，唱完之后让你更热爱生活的好歌，要天天沉浸在好歌里。学生说，魏老师，除了军歌，好的校园歌曲不行吗？我说，没问题，只要唱完能给人鼓劲的，都行。

陶继新： 在我国古代，文以载道的观念在音乐中也有很好的体现："德者，性之端也；乐者，德之华也。"音乐对于人的精神所起的作用是巨大的，《礼记·乐记》认为，音乐是人的生命欲求，是人最本质的需要，正像天地之间不能没有日月风云一样，人不能没有音乐。《礼记·乐记》中有这样一句话："故乐者，天地之命，中和之纪，人情之所不能免也。"孔子也曾说过，要"放郑声，远佞人"，因为"郑声淫，佞人殆"。意思是说，要禁绝郑国的乐曲，疏远花言巧语的人，因为郑国的乐曲浮靡不正派，花言巧语的人太危险。孔子之言，对于现代学生之唱，仍然具有借鉴意义。那些不能鼓舞精神的歌曲，会让人的精神走向低俗，甚至影响孩子的思想。而军歌则不然，高亢有力，思想健康，唱久了，就会精神亢奋，士气高涨。学校是育人的圣地，而唱军歌，就是育人，就是鼓舞学生的精神。

魏书生： 第四，盘锦市的孩子每天都要挺胸抬头，大摆臂，高抬腿。我们全市学生天天都进行队列比赛，天天都走队列。我请我们省文化厅厅长，看我市“一高”的大课间。他说，魏老师，你不是让我来受教育的。我说，我不是让你来受教育，是干什么？他说，你这是让我的心灵受震撼。我们市第一高中是我设计的，到今天我也不后悔，占地320亩，方方正正的，四周是围墙，每个围墙的墙角我都设计成一幅中外名著的彩色封面，等于中外名著绕了校园一圈。中外伟人的塑像立在校园中间，中外历史的彩色喷图纵贯学校南北纵坐标轴，大禹治水、郑和下西洋……学生边走边看，接受历史的熏陶。接下来中外各个国家标准版图，我请施工队用彩色花岗岩刻写，铺装在教学楼前的广场上。教学楼前的广场有多大？一座教学办公楼我设计了4.3万平方米，原来没那么大，我说咱们把教室都弄宽点，7.2米宽；把走廊也都弄宽点，3.6米宽；把大厅弄大点，两千多平方米的大厅。侧面是四百米塑胶跑道，彩色看台。

教学楼前的广场一圈880米，比市政府广场还大，全校5600名学生天天站在上面做广播体操。大家都知道任何一个省文化厅的一把手厅长，都是见过世面的人，常常不仅是满中国跑，而且是满地球跑，他的心灵不是随便就能被震撼的。他说，魏老师，把你这5600人拉到奥运场馆鸟巢，都不用训练，直接就可以进行奥运表演。奥运表演训练了多长时间？也就一年，两年到头了。我们是多长时间？我们是一年，一年，又一年，一训13年。教育中哪有多少不明白的事？就是把大家伙儿心知肚明的事都做了，别停止，别折腾，不是做给领导检查，而是做给自己享受。我总跟全体老师说，“知易行难”，人们常常是不仅不统一，还脱节，甚至相互对抗，矛盾、焦虑造成了许多人的烦恼，“非不知也，是不行也；非不行也，是不恒也”。知道那个事儿马上行动，别停止，持之以恒，不是做给领导检查、上级参观，而是做给自己享受。我们每天都是这样做的，其他各省市有很多人到我们那儿看大课间，他们说，魏老师，你们老师天天都跟学生列队做广播体操这么多年，真是一道亮丽的风景。我说，千万别这么说，我们就是好好过日子。

陶继新：你们学生大课间所做的广播体操，能给文化厅厅长以震撼与教育，确实不容易。文化厅厅长见多识广，却从来没有看过如此壮观和有气势的广播体操。这样的效果，并不是得来全不费工夫的，而是“冰冻三尺，非一日之寒也”，是天天如此，月月如此，年年如此。为什么能够达到这样的境界呢？我认为，首先要“知”，而且是您这个当局长的要“知”。因为您知道，广播体操对于师生的身体健康，对于他们的精神面貌，都起着不可小觑的作用。而且，您又将这种“知”告诉了校长们与师生们，他们也真正“知”了。当然，这个“知”不是一般意义上的“知”，而是心里高度认可的“知”。正是因为心里认可了这个“知”，所以，“行”起来才没有心理障碍。当然，13 年如一日地“行”，就又上了一个层次。每个人都知道锻炼身体重要，可是，很多人照样不天天锻炼。懒惰是人的通病，而克服这个通病，是需要坚持与毅力的。所以，在“行”的过程中，您又培养了他们持之以恒的毅力。在锻炼相当长一段时间之后，对于师生来说，锻炼已经不再需要坚持了，因为坚持有困难甚至有苦的感觉。他们已经在广播体操中感受到了无限的快乐，甚至舍之不可了。我就有这样一种感觉。我在济南工作已经33年了，几乎没有中止过锻炼身体。在冰天雪地的日子和春节等节日里，原先锻炼的人大多不再锻炼了。可是，我依然锻炼。因为我不但认识到了锻炼的重要性，而且，我从锻炼中体味到了特殊的快乐与幸福。所以，一旦停止一天，我就会感到不舒服、不快乐，我觉得自己的锻炼已进入一种审美状态了。你们几千个学生一起锻炼，可谓气势磅礴，群情振奋。这样，他们就更有一种精神愉悦感。所以，他们是在享受广播体操之美，是在感受一种特殊的幸福。

均衡教育

魏书生：也有人到我们那儿不是来听我讲课，而是看均衡发展的。当时他们说周济部长介绍我们来，让我们到你们这儿看均衡发展。湖北省教育厅的领导，领着各市的局长专门到盘锦来看均衡发展。我们是不办一所重点小学，不办一所重点初中，老百姓不交一分钱的义务教育阶段的费用。大家平平静静地办教育，好好过日子。广州的局长带着副局长，带着各县区的局长，珠海的局长，惠州的局长，远道的有很多，近道的就更多了。还有一行人专程来盘锦，不是看均衡发展的，他们说，魏老师，我们就是来看你们的升学率的。怎么回事？魏老师干了13年的局长兼党委书记，没搞过一次小学统考，没搞过一次初中统考，没搞过一次高中统考。甚至，每次高考之后每一所高中有多少人考上大学，考上重点，考了高分，不公布，不排榜，更谈不上给高中校长下升学指标。

陶继新：很多地方在大谈均衡教育的时候，重点学校依然是重点学校，重点班还是重点班，均衡教育只是一个掩人耳目的口号而已。可是，您当时任局长的时候，全市已经没有重点与非重点学校之别。我认为，这不但需要勇气，也需要平民意识。有的孩子成绩好，上重点学校是应当的；可是，有的孩子成绩不佳，其家长可以用权用钱让孩子进入重点学校。而普通老百姓的孩子，只能望洋兴叹。这种不合理，已经成了人们议论纷纷的民生问题。而您有效地解决了这个问题，最受益的是那些没权没势的普通市民。一个教育局局长，如果没有平民意识，没有均衡意识，只有长官意识、领导意识，不但称不上一个好的领导，而且也算不上一个好人。在这个意义上说，您既是一位好局长，也是一位受群众拥戴的有良知的知识分子。

现在，有的名校不但具有一流的教育教学设施，而且也有名校长坐镇，且有为数不少的名师。遗憾的是，真能入其学校读书者，却因种种原因不能如愿以偿。于是，均衡教育应运而生。

均衡教育的要义，不是削峰填谷，而是填谷造峰，让身处乡村和薄弱学校的学生，与名校学生一样，共同享受优质的教育。

在这方面，我曾多次采访报道过的济南市市中区的集团化办学，已经探索出了一条可行之路。

自 2013 年 4 月拉开集团化办学的序幕之后，市中教育人稳步而又坚定地实施了“做实、做大、做强”三步走战略。如果说这种舍我其谁的精神令人敬佩的话，其教育的智慧同样让人击节称道：比如“差异就是资源，挑战就是机遇”的智慧之解，便为解决城乡二元结构制约下的校际发展不均衡问题提供了理论上的支持；而独特的母子、兄弟、伙伴组合模式，又为千差万别的学校结成联盟与组成集团提供了选择的空间，从而形成了万千风景的校际最佳组合。

众所周知，教育资源是教育系统维持整个教育过程、实现教育教学功能的各种资源总和。教育资源的供给是有限的，而人们对教育资源的需求是多方面、多层次的，且具有无限增长的趋势，因而存在着教育资源的配置问题。如果教育资源的配置存在失衡就极易导致教育平等机会的缺位。如某些优质学校在自得其乐地享用丰富资源的时候，往往还会造成资源过剩而导致浪费。更重要的是，还会在校长及其教师的心里形成一种思维定式：这种资源被“垄断”，唯“我”所用，是唱“主角”的“专利”或资本，其他学校没有权力更没资格使用。而临边的薄弱学校，也只好“靠边站”。这种资源的禁锢，又在无声中形成一种心理对峙，甚至延续到学生那里，让人与人之间，产生优劣不等的心理趋向。

集团化办学打破校际壁垒，实现资源共享的同时，还消融了彼此之间的心理屏障。它让集团内各个学校的师资、课程、课堂等成为共享的资源，同时，精神、情感、良知、追求等更高层次的资源也实现了共享。

老子说：“天之道，损有余而补不足。”当一些资源丰厚的名校从全国各地想方设法引进人才的时候，济南市市中区却反其道而行之，将优质学校的名师持续不断地输送到了薄弱学校。这不但遵循了天道，而且也有了人道。因为《周易》早就说了："立人之道，曰仁与义。"由此，集团化办学便内含了仁爱精神与"义以为上"的品质。

其实，优质学校与薄弱学校之间的差异，更多体现在师资的不均衡上。集团化办学，实现了教师作为最重要教育资源的共享交流，让名师不再固化在某一学校里，而是持续不断地走进其他薄弱学校，不断融合新教育信息，形成新的理念，发展教学能力，并以最终形成学校的全员智力为其基本立场，使教育资源"活起来"，开创了具有再生意义的教育教学生涯。

在与集团理事长交流的时候，我十分感慨，他们在不惜"血本"地为分校"输血"的同时，又都在竭其全力地为各个分校"造血"，并让他们自身具备"造血"功能。从这个意义上说，师资共享机制的建立，还有一种大爱在传播，一种境界在升华。

绝大多数优质学校都有丰富的课程资源；集团化办学之后，优质学校原来独自享用的课程资源，也就顺理成章地成为集团各个学校共有的资源。

其实，当形成集团课程之后，老师们发现，孩子们并没有太大的差别。差异不在于外显行为与直接效果的分毫之差，而在于内在品格与潜在能量的持续萌发之别。只要我们的教育能提供给所有个体促进其最充分发展的机会，那些薄弱学校的学生，与城区优质学校的孩子同样可以一展风采，难分伯仲。

市中区教育和体育局局长认为："差异是一种资源。"市中区的差异是什么？是城乡的二元结构，这种差异被有的人当成了问题。但是，市中教育人把它当成了资源。在一般人看来，这是市中区教育上的短板，可我们看到的是驶向明天的挑战。有挑战就有机遇，有机遇就有动力，有动力就有收获。这是成就市中教育的一个大事业。奋斗下去，一定会有无限的前程。

再说，差异也不能简单地用优劣来划分与定义，不同学校之间的差异，往往会呈现出各自的优势，所谓的薄弱学校，也有优质学校不具有的资源。它不仅以场地、周边环境等固化形态呈现出来，还会以真诚、友善、以苦为乐等精神形态让优质学校的老师敬而仰之。从这个意义上说，优质学校向薄弱学校输出优质资源的同时，也收获了自己未必就有的优质资源。

集团化办学改变了什么？一个是把"学校观念"改成了"集团观念"，变"学校人"为"集团人"。因为集团给大家带来一种强烈的归属感，更让他们的生命价值得到了最大化的提升。

其实，家长都有一双火眼金睛，如果很多孩子上不了好学校，他们就会认为教育不够公平，甚至引发一些社会问题；相反，如果绝大多数孩子能够享受到优质教育，他们就会因教育公平而心平气顺，并不由自主地对教育点赞。

事实更加有力地诠释了这个"定律"。

市中教育人认为，让名校和乡村学校及薄弱学校之间从有差别到小差别，甚至向无差别的高级形态挺进，从而让集团内市中的孩子能够无差别就学，这是他们集团化办学的方向，这个目标的实现非常难。可是，从小差别开始，差别越来越小，沟壑填得越快越好。

据教育和体育局领导讲，这还不是其集团化办学的最高形态，最高形态是集团间的高度融合，集团间的无差别。集团间的无差别一旦实现了，集团化办学就达到了一个更高的水准，这是他们追求的目标，是他们一种美好的期待。

市中教育的集团化办学，不但摘取了众多的教育奖项，更重要的是，他们在获得家长们交口称赞的同时，也让全区孩子享受优质均衡、公平而有质量的教育变成了现实。

升学秘诀

魏书生：像我这样抓教育，升学率能上去吗？考场还是死严死严的，从 2003 年开始，全市所有考场必须安装电子监控器，我们都弄到第五年了，全辽宁省才要求各个市都向盘锦市学习，考场全部安装电子监控器。我们今年都弄到第八年了，我看教育部招生考试电视电话会，吉林省介绍发言说，吉林省将要推出一项新举措，将在全省所有的考场都安装电子监控器，人家的新举措我们都弄了 8 年了。有人说，哪有这么抓成绩的局长？13 年不统考，不排队，不办重点学校，还不许加班加点，升学率能上去吗？升学率上不去，我这个局长不早就下来了吗?

辽宁省教育厅排队，盘锦市高中阶段升学率排在辽宁省14个地级市的第一位，我们升入大学的学生，高分的、考上重点的，在省里都不排队，但是大家心里都有数，比如说，辽宁省四千多万人口，每年考上清华北大的有二百四五十人，平均100万人口一年能考上6个人，甚至不到6个人，全中国的平均数也就是五六个。可我们盘锦市就不是6个了，也不是7、8、9、10个，我们最近8年都是12个，是全省平均值的两倍，前年是两倍半——15个，今年是17个。所以，大伙儿就想不明白了，怎么抓出来的升学率呢?所以，辽宁省重点高中怎么抓尖子生的现场会，就在盘锦市高中召开。还有一行人专程到盘锦看创新。我说怎么回事，原来盘锦市中小学生搞的科技发明创造，获得的国家专利不是一二十项，也不是一二百项，更不是七八百项，我们是2700百多项，占全市获奖数的70%。

陶继新：13年不统考，不排队，不办重点学校，还不许加班加点，升学率却一直居高不下，这简直是一个难解之谜!

有无思想与智慧，不管在哪个方面都会彰显出来。有的人可以当好老师，可是，未必能当好班主任；有的人能当好班主任，却未必能当好校长；而有的人能当好校长，却未必能当好局长。而您，不管干什么，都有超人之处：不但干得好，而且几乎做到了极致。更重要的是，您干起工作来并不太累，而且异常快乐。于是，人们开始惊叹与仰望。但是，他们还是没有取得理想的成绩，更没有优质的生命状态。特别是在如何提高升学率方面，人们真可谓煞费苦心，加班加点者有之，拼命做题者有之，个别辅导者有之，可是，“机关算尽太聪明”，结果还是提高不了。而您，反其道而行之，解决了这个问题。那么，您的秘诀究竟何在呢？

魏书生：怎么抓升学？我就抓一分钟，一共有七个一分钟。其中，第五个一分钟，就是一分钟注意力体操，即松静匀乐，若进入这种状态，学习、工作、画画、唱歌、创造、制作，效率就更高。

陶继新：注意力的强弱，是一个人学习质量高低的重要指标。我曾采访过一个叫曦曦的重庆女孩，她 2 岁识字，4 岁学书画，11 岁参加成人高等教育（大学）汉语言文学自学考试，16 岁进入著名大学攻读硕士学位。1996 年 8 月，她应邀在法国举办首次个人画展。之后相继应邀到泰国、印度、尼泊尔等国家，以及中国香港、澳门地区举办个人画展。她被海内外多家媒体誉为“东方文化小天使”。据她妈妈介绍，她用了很多方法对女儿进行注意力的培养。

在曦曦识了一些字后，妈妈便让她读书。有时给她一本书，让她一遍又一遍地读。妈妈有意向她传递一个信息：做，真正的注意力应当表现在各个方面。新鲜有趣的事要做，单调枯燥的事也要做，真正的注意力应当表现在各个方面。结果，曦曦不管看何等兴味索然的书，不管看多少遍，都认真如初，专注如一。

正因如此，曦曦养成了特强的耐性与专注力，具备了可持续发展的良好的心理素养。后来她做搜集资料等比较枯燥单调的工作时，也毫无厌倦感与急躁情绪，而且做得认真仔细、正确无误。画画写字，常常累得汗湿衣衫，甚至要贴上伤湿止痛膏，她也持之以恒地做下去。曦曦的这种高度集中的注意力，为其以后学习新知打开了冲破困难的“门户”，而且也让她在完成任务时尝到了努力之后获胜的幸福与愉悦。

由此观之，对孩子进行注意力的培养，有利于他们注意力的集中性与稳定性的发展，有利于形成有意注意等良好的意志品质，从而使其受益终身。在这一教育过程中，孩子不但逐渐聪明起来，而且还能够形成一种有战必胜的健康心态。这种心态将伴随其一生，使其总是平静地面对各种困难与挫折，并在充满信心战胜各种困难与挫折中享受成功的愉悦。尤其是欲成大事者，更不可缺少这种良好的心理品质。

任职演讲

魏书生：另外，我还抓任职演讲。我不讲大的计划，不讲宏伟目标，也不讲教育深层次的关系，不故作深沉状、开阔状，我就是讲从最小的事抓起。

陶继新：演讲不仅可以训练口才与胆量，而且可以培养自信心。人在演讲时不仅可以确立自我价值的坐标，而且可以拥有无所畏惧的自信力。有了这样的自信力，他就会在走向成功的跋涉中构建一个自己独有的精神家园。

课堂十条

魏书生：要抓好每一堂课。咱不搞统考，不弄分数，也不排队，那么，干什么？狠狠地深入课堂，狠抓每一堂课，所有的校长、主任全都深入课堂，抓好每一堂课，天天每堂课都这么上，你想让成绩上不去都不可能。

陶继新：课堂教学是学校教育的主阵地，教师是这个阵地的主力。可是，如果校长与主任对此漠不关心，就会产生一些不好的结果：一是校长与主任没有了课堂话语权，指导老师教学时就不能切中肯綮，如果再乱作指挥，就会给教学造成失误。二是个别不负责任的老师因为没有领导的监督而应付工作，从而影响教学效果。您当过老师与校长，知道课堂教学的重要性，所以，明白校长、主任走进课堂的必要性，以及由此产生的效应。所以，这个规定不是您一时心血来潮随便定下来的，而是有着自己的实践经历与科学依据。这个问题抓好了，升学率高也就成了必然。那么，在抓课堂教学的时候，您有没有具体的措施？

魏书生：有啊，就是课堂十条。

第一，教案公开。

第二，每堂课至少有三类不同的学习目标。我说科学发展，归根到底——如果大家别的都忘了，这十条不能忘，这十条都忘了，第二条不能忘。什么叫科学发展？就是在每一堂课上，让所有的学生都发展起来，有事可干，有业可就。课堂要成为学生就业的舞台、择业的舞台、乐业的舞台、敬业的舞台、创业的舞台，绝不能变成学生待业的地方。学生的很多毛病都是课堂上无事可干造成的。我说要下大力气抓这一条，每堂课至少要有三类不同的目标。

第三，老师纯讲授时间别超过 20 分钟，这是我当校长 24 年的要求，最近 6 年我提出别超过 15 分钟，讲什么讲？最要紧的是留下时间给学生。

第四，学生发言人次别少于 10 人次。让学生去说，去讲。

第五，学生动笔练笔时间，别少于 10 分钟。听一听，想一想，练一练，才是教育。

第六，处理偶发事件的时间不许超过 20 秒。上着上着，课堂闹起来了，于是你气不打一处来，你不是在糟蹋自己吗？也会伤害学生。要学会冷处理，先用 20 秒解决，下课再说。

第七，至少留三类不同的作业。

第八，提倡让学生作课堂教学总结：孩子，你说说这堂课怎么样？你说一说这堂课对老师有什么看法？这个教学环节你感觉满意吗？还有什么建议？经常与学生共同商量，怎么上这 45 分钟效率更高？

第九，课间 10 分钟别离开学生。学生做操时，盘锦市的老师都跟学生一块儿做操；学生不锻炼时，就走到学生堆里去，谈谈心，聊聊天，拉拉家常，感受那种在心灵上接近学生的幸福。

第十，教案开始，教案结束，首尾照应，在教案上写这堂课成功在何处。有老师说，魏老师，我失败了。我说，失败了，先别说失败，先要写成功。都失败了，怎么还写成功？我说，45 分钟是失败的，可是总体来说，哪两分钟比较顺畅？哪一个教学环节是闪光的火花？哪一点措施你感觉比较满意？一定要积累成功。积累成功，积累快乐，这是至关重要的。我相当讨厌那种培训，总让学生、老师反思，反思，再反思，反思到都不知道从哪里来，更不明白向哪里去了。我说，盘锦市的老师首先必须正思，正思，再正思，每个人都积累自己的成功，积累自己做得对的地方。那不是你骄傲的资本，那是你课程改革的资源、走向先进的出发点，除此之外，别无他途。一定要积累，积累，再积累，发展，发展，再发展，这样，你就会越来越爱课堂。

陶继新：教案公开，就意味着每个老师的教案都可以共享，这样，大家就可以从中取来“他山之石”为我所用。同时，也意味着随便写写，敷衍了事，是绝对不行的，因为每个老师都有一双“火眼金睛”，都会从中读出你的不认真来。真可谓一箭双雕也！

如果课堂上至少有三类不同的学习目标，教学时，教师基本上就可以做到有的放矢、因材施教。学生的基础知识水平不一样，他们的非智力因素也有不小的差异，所以，教学时就应当因人而异。即使回答学生提出的相同的问题，也应当因人而异，体现不一样的目标。孔子进行教学活动的特点，是能够从学生的实际情况出发，针对其智力的高下不同而“因材施教”。孔子很早就注意到人的才智高下有别，他说：“中人以上，可以语上也；中人以下，不可以语上也。”意思是，对于中等以上智力水平的人，可以跟他讲高深的学问；对于中等以下智力水平的人，则不可以跟他讲高深的内容。根据这一原则，他深入了解弟子们的志趣、智慧和能力，以及性格特点，并施以不同的教育。《论语·先进》有这样一章：子路问："闻斯行诸?"子曰："有父兄在，如之何其闻斯行之?"冉有问："闻斯行诸?"子曰："闻斯行之。"公西华曰："由也问'闻斯行诸'，子曰'有父兄在'。求也问'闻斯行诸'，子曰'闻斯行之'。赤也惑，敢问。"子曰："求也退，故进之；由也兼人，故退之。"对于同样的问题，孔子给出的答案也是因人而异的。因为他面对的是有生命活力的不同的个体。

我很欣赏您提出的一节课老师讲授时间不超过 15 分钟，因为老师讲得多了，学生自己学的时间必然就少了。而没有学生之学的课堂，不但没有生气，也没有效率。其实，中国第一篇教育学的论文不是"教记"，而是《学记》；古代的教学场所，不叫教室，而叫学堂。看来，中国古代真正意义上的教学，并不排拒学生之学。《论语》几乎就是一个对话体的文本，是孔子之教与其弟子之学的一个思维交互过程，而且有的学生之学还给予孔子以有益的启示。历经两千多年，有的人却没有继承这些优秀的教学思想，而是亦步亦趋地学习外国的东西，结果学堂不再，教室诞生，教师理所当然地成了教室里的"霸权者"。可是，如果只是教师教而不重学生学，信息的传递自然就成了单向的。单向的最大弊端，是使学生这个占教学主体百分之九十以上的群体没有了话语权，因此也就没有主动思维的自觉要求，甚至连一般化的要求都可能被教师压抑下去。而没有话语权与主动思维的学习，必然是索然无味而又低效的。

让学生去说、去讲与单纯地听老师讲，其效果是大相径庭的。教学的过程本来就是知识信息、情感信息交流的过程。既然是交流，至少应该是双向的，不但要有老师讲，也要有学生说。最佳的交流状态，是知识信息在课堂中呈现为一种网络状，每个师生都是该网络的一个“结点”。但是，在我们的传统课堂上，信息传输是单向的。单向使我们的课堂异化了，不再是您所说的学堂，甚至使我们的课堂异化为“会堂”。“会堂”里双方有压力吗？你会因为第二天要去“听会”而难以入眠吗？没有紧张度、松弛的课堂，能够高效吗？能有吸引力吗？

每节课要有10分钟的练笔时间，这太重要了。因为课堂教学要留空白，这个空白不是思想的空白，而是教学所讲的空白，再让学生在这个空白里思考。正如孔子所说：“学而不思则罔，思而不学则殆。”如果老师从头讲到尾，学生没有独立思考的空间，学习效率自然就会低下。如果给学生留下练笔的时间，他们就会很好地思考，并将所学所思所感写成文字。而且，天天练笔，时间一长，还能有效地培养学生的写作能力，以至让学生形成写作的习惯。

处理偶发事件的时间不许超过20秒，不但可以迅速地平息事件，让课堂教学继续进行，而且也可平息老师当下的怒气，等到下课的时候，老师的心理就会平衡很多。长期如此，对老师的心灵来说，也是一种修炼。有了良好的心理状态，教学效率就会高起来。有的老师用了这种方法、那种技巧，但是为什么还是不能高效？因为有一个内在原因，那就是学生在课堂上不愉快，不放松，不舒服。所以，尽管老师讲得天花乱坠，学生依然不能快乐地听，依然不能高效地吸收。

给学生留三类不同的作业，这样，学习程度不同的学生，就都不会感到太难或者太易，不同类型的学生就都能完成作业。完成作业，也是对自己所学知识的一种书面认可，也是一种责任。这样，即使成绩差的学生，也不会将作业视作负担，而是将之当成可以完成的一种责任。

让学生作课堂教学总结，是对传统课堂教学中老师权力的一种“剥夺”，是让学生拥有更多话语权与参与权的理念的变更。这样，课堂教学就不只是有教情，还有学情；就不是老师的“一言堂”，而是有学生参与的“多言堂”。您所提倡的民主，在这样的学生总结中，也得到了有效的体现。

课间 10 分钟别离开学生，可以即时解决学生在课堂上难以消化的问题，更重要的是，可以拉近与学生的心理距离，并及时发现学生中存在的思想、心理问题，并予以及时解决。

不但要反思，还要正思，这可谓智慧之语。对于任何问题，如果一味地否定，时间一长，就会在心里积淀成一种消极暗示；相反，如果不断地肯定自己，时间一长，就会在心里积淀成一种积极暗示。消极暗示不但会让老师越来越没自信，还会让他们的生命质量低下。相反，积极暗示则会让老师越来越有自信，从而让他们的生命质量更加优化。而老师的自信心提升后，还会影响学生，从而让他们也有自信。而自信，恰恰是提高学习效率的内在密码。

魏书生：盘锦市的教育从一分钟抓起，再从一堂课抓起，每堂课都上好了，每天日子都过好了，你说最后高考还用说吗？能没有好结果吗？真要没有好结果，什么都不能说明，只能说明你命不好。命都不好，我还说你干什么？我只能鼓励你，明年咱们更好地过日子，争取有个好命。我就是这么当局长的，抓的全是小事。

陶继新：世间任何事情都是有因有果的。您的课堂教学十条落实之后，课堂上就出现了老师教得轻松，学生学得快乐的可喜景观。这样就形成了一种情感高效，而这种情感高效，又与您让老师和学生掌握的科学方法和谐为一，从而让老师取得好的教学成果，让学生取得好的学习成绩。所以，盘锦市的高考成绩年年在全辽宁省名列前茅，当然就没有什么疑问了。

种好心田

陶继新：您谈到教育的时候，说自己是几十年不变。我想，这不是不创新，而是因为您触摸到了道。道，当然不能变。但几十年来，教育可谓“风云变幻”，一会儿刮“东风”，一会儿吹“西风”。于是，有的人今天向“东”转，明天又向“西”转，最后，连方向感都没了。重谈您的教育之道，对于当今教育界的一些追风者，不能不说是一次“棒喝”；对于真正的教育改革，不能说没有有益的启示。

从不折腾

魏书生：我搞教育时把追真说成是科学，把向上说成是民主，我一直说我是一靠民主，二靠科学，总也不变，一以贯之，二三十年不动摇，不懈怠，不折腾。相对来说，这样使我比较节省成本，因为你不折腾，始终这么走，也变得更爱这个事业。不折腾的时候总感觉挺好，特别是当你把民主和科学渗透于自己的每一个岗位、每一个工作目标、每一个工作目标的每一段时间、每一段时间所在的每一个空间都比较管用的时候，就觉得应该始终坚持这样做。

陶继新：不折腾说是好说，像您那样真正做到却并不容易。人际关系的复杂对于很多单位来说，真是一个难解的“方程”。而不折腾，则是破解这一难题的有效的方法。

大凡参与折腾者，首先自己折腾起来了，打破了自己心理的平衡，变得烦躁不安、忧伤气愤。如果有一批人这样折腾，就会形成一种折腾的场，在场者就会将这种不良的情绪相互传染。结果，就会更加折腾下去。时间一长，这样的人不但心理会有问题，而且这些问题还会显现于其身体上，甚至会缩短其生命的长度。《黄帝内经》中说道：“夫百病之始生也，皆生于风雨寒暑，清湿喜怒。”可见，长期的内心不宁静最终会导致身体的疾病产生。身、心、灵三者的健康如我们肌肉的纤维一样彼此缠绕、不可分割。因此，从对自己的生命负责的角度考虑，也不应当折腾。

所以，真正了悟生命要义的人，都会主动地远离折腾。宇宙浩渺无涯，地球在宇宙中只是一个点，而人在地球上只是沧海一粟。从这个意义上说，一个人与另一个人的相遇，是一种天地机缘，应当珍惜。今天我与魏老师在北京相见，便是一种机缘，我们就特别珍惜这次对话的机遇。如果一个人与另一个人很多年在同一个单位工作，就应当更加珍惜彼此的“相遇”，而不要折腾。您几十年不变，其中一个核心，就是心灵是不变的，是不折腾的。所以，您活得特别快乐，与您在一起工作的人，也一定会特别快乐，在您领导下的校长与教师，当然也会非常幸福。

守持善良

魏书生：就是最平凡的人要想好好活着，也得认识到：我的岗位、我的家庭、我目前的状况、我周围的环境是什么，规律是什么，我怎样做才能够生存得更好，怎样做才能够符合规律，这是科学。同时，一个最简单、最贫困的家庭，它也需要善。有了善，这家人虽然苦一点，难一点，穷一点，遭一点罪，受一点坎坷，但因家庭成员之间互相包容，互相扶持，互相激励，他们在贫困中也能感受到做人的那种尊严感和自豪感。反过来，如果你失去了对真和善的坚守，即使你的家庭本来很有钱，但也许你很快就连家都没了。原因是什么？因为你失去了善，去追求更浮华的东西了，于是，家庭成员打得分崩离析，这种事儿不是太多了吗？相互算计，相互监视，钱有了，幸福却没有了。所以，大到联合国开会，小到三口之家当家过日子，都需要守住这个人性中和人类发展过程中的最基本的常识。所以，人既不崇高，也不卑贱，就应该在常理之中这么活着，这样很舒服。

陶继新：“在一切道德品质之中，善良的本性在世界上是最需要的”，因为“善良、善行是身体健康与世界和平的基本要素”。我非常欣赏 1979 年度诺贝尔和平奖获得者特蕾莎修女写的“人生戒律”，她曾这样说过：“即使你是友善的，人们可能还是会说你自私和动机不良；不管怎样，你还是要友善……你今天做的善事，人们往往明天就会忘记；不管怎样，你还是要做善事。”特蕾莎修女的善行，使她被誉为“穷人的圣母”“善良的天使”。可见，人在世上，一定要善良。可是，人性中还有另外一种东西，那就是恶。有的人在谈论起自己不认识的人、远方的人升官、发财、出名时，往往津津乐道，欣赏不已。可是，一旦自己身边的人升了官，发了财，出了名，就心生妒忌之心，更有甚者，还极尽诽谤诬陷之能事。然而，他并不知道，这个时候，他也在自觉不自觉地折腾自己。因为他的心理已经失衡了，甚至变态了，其原有的能量也在这种自我折腾中慢慢地流失。我们每个人身上都有很多的能量，医学也证明人类的天年是 120 岁。但为什么我们大部分人类活不到天年呢？就是因为在现实中，我们会像筛子一样泄漏我们的能量，当你妒忌他人快乐与成功的时候，你就在泄漏你的能量。“本来应该是我，为什么会是他？”“为什么他能评上，我反而评不上？”其实，有些人不知道一个道理，那就是，妒忌与仇恨会让人缩减成“小人”；而欣赏他人的幸福与快乐，就是分享世上的财富。当我们欣赏落日的霞光时，我们的身心也充满了落日之美，而落日自身依然美妙；当你为他人的快乐而自生怨恨时，你自己原有的一点快乐也会失去。

罗素认为，人要学会守持精神纪律。那么，什么是精神纪律呢？比如，小学生上课，就有一个上课的纪律：不能迟到，不能早退，等等。精神上也应当有一个纪律，那就是不妒忌有德有才有名有财之人，而是欣赏之，学习之；受到妒忌的时候，坦然对待，一笑了之，继续前行。在任何境况下，都应当保持一种宠辱不惊的胸怀，这就是守持了精神纪律。守持了精神纪律，精神就会健康，心理就会和谐，人生就会幸福。这样的话，不也就善了吗？

就说魏老师您吧，19 岁就成了典型，而且一当就是几十年。您成名了，成功了，也会有人妒忌，可是，您并没有心存芥蒂，而是努力而行，越来越成功。

魏书生：这是一个铁定的公式：一个人受到的表扬和受到的非议永远是成正比的。看穿了人世间这些正常公式的时候，就什么都很正常了。

陶继新：其实，这就是天道，成败、得失、毁誉都是相互的。人生就如同一场旅行，既有山穷水尽的困顿，亦有柳暗花明的惊喜。看透了，想通了，就可以及时清空心灵里的负面情绪，去追寻真善美，享受人生的每一处风景。

自找快乐

魏书生：所以，人类追求真善美是一个过程，在这个过程中会有很多反复、很多曲折，很多人不愿意朝前走，很多人还要设置重重障碍，这些都是很正常的现象。你若看透了，就知道咱们活在社会主义初级阶段，就是这样了，你想让它太快，不可能。不过，比咱们的祖先强多了。我总说，同学们、老师们，咱们必须把人间的事儿分成两类，一类是自己说了不算的，一类是自己说了算的。对自己说了不算的事儿，你必须学会看得开，想得透，出得来，放得下，不跟它较劲，不然你就会白白浪费生存成本，这样你才能静下心来；对自己说了算的事儿，你必须拿得起，进得去，想得深，干得实。

我说，什么事儿咱说了不算呢？咱们来不来咱说了不算，咱们走不走咱还是说了不算。没到地球上来之前，咱们谁想过要到这儿走一百来年？既然安排咱们来了，不来能行吗？所以，报到第一天大家伙儿不都是哭着、喊着来的吗？哭，喊，嚎，不愿意来，但还是得来。一天一天长大了，才发现，哭什么哭，地球多好，天这样蓝，水这样清，花朵这样鲜艳，90%的人这样真诚、善良。有点坏人，但也不多，基本都在监狱关着。于是乎又不愿意走了。但是你不愿意走，能行吗？你占地方都占了一百来年了，你不走，后来的搁哪儿？所以，结论是来也不自由，去也不自由。既然来去都不自由，急也没用，怨也没用，指责也没用，发牢骚也没用，只有一件事有用。什么事？收缩成本，回归内心，超越自我，种好心田。让咱来咱就来，让咱走咱就走，淡定从容。

有学生说，老师，来不来咱说了不算，走不走咱说了不算，就中间这一百来年咱说了算呢。我说，不对，这一百来年99%的事儿，你都说了不算。空间上你没法选择，时间上也没法选择。空间上要让大伙儿选，谁不盼望着出生那天一下子就能生在富裕人家？可睁开眼一看，哪儿？平民百姓家。那么你急也没用，怨也没用，指责也没用，发牢骚也没用，只有一件事儿有用：收缩成本，回归内心，超越自我，种好心田，全身心爱这个平平凡凡的家，爱咱平平常常的爸和妈。只有这样，你自己才能得到最大的快乐和最大的自在，同时，家和万事兴。别人过什么日子别去关注，有的人过着自己的日子，总攀比人家的日子，活在中国，总攀比外国。人家外国多好，那个多进步，那个多合理，那个多文明。我说，这不是在闹吗？外国好，你快点去。他不让我去。我说，废话，好的你去不了，坏的你不想去，高处不能成，低处不肯就，元帅当不成，不肯当士兵，你不是在白白经受精神煎熬吗？

我说，为了自己，你要全身心爱自己的国家，因为只有中国是咱们自己的，当然也用不着因为爱祖国而使劲糟蹋人家：外国那个破地方，老百姓吃不上，穿不上，让咱去咱也不去。我说，如果高薪聘请你，你也去，没让你去，就好好爱生活，活在辽宁爱辽宁，活在盘锦爱盘锦，活在学校使劲爱自己的学校，爱别的没用。既不要糟蹋人家，也不要糟蹋自己。这样，生活的大浪把你卷到任何一个空间，你都能快乐起来，高高兴兴地干起来，爱起来，扎实一点，往深处扎根，这样，你不就天天都活在精神世界之中了吗？

有学生说，老师，时间上也没法选啊？我说，时间上更没办法选择了，人类历史的长河奔腾不息，日夜涌流，流淌到咱们活的这一段都流了一百七十多万年了，这条河还会向后流多少年呢？一百七十万年，三百四十万年，六百八十万年……有的未来学家说五千万年以后，地球的主人仍然是人类。我们 1984 年上过一堂课，题目就是“五千万年以后的地球上主人是谁”，讨论非常热烈。到现在我还跟学生说人类用不着再活五千万年，也不用活五万五千年，只要再活上五百年，人类就很富裕。有多富裕，算过吗？2510 年全地球人均 GDP 有多少？学生说，老师，我没算过。我说，告诉你，据魏老师测算，2510 年人均 GDP 将是一个天文数字。

那个时候，物质文明以及精神文明均高度发达。只要再过五百年，就是这个水平。但是，咱们眼看着那一段特别好，就隔着短短的五百年，可咱们横直去不了。历史就把咱们安排在社会主义初级阶段，你爱活不爱活都是这一段，没法选择了。剩下能够选择的是什么？就是自己的生活态度——收缩成本，回归内心，超越自我，种好心田，面对社会主义初级阶段，天天满怀感恩之心。为什么？幸亏把咱安排在这一段，不然的话，愣把咱安排到原始人类那一段，咱不也得受着吗？一天到晚茹毛饮血，大伙儿都这样。

所以，这些大的事你想通了，就容易放下自己说了不算的事，看得开，想得透，出得来，放得下。无论如何，咱们自己，还是要收缩成本，回归内心，超越自我，种好心田。做好自己的事情，做好眼前的事情，尽到眼前能尽的责任。这样，你就把自己有限的成本，都投资在了你说了算的土地上，而不是投资在人家那个地上，当然，你就会快乐。

陶继新：魏老师，我非常欣赏您说的种好心田。一个人的幸福，虽可外取，更应内求。外取或许能够让我们获得暂时的幸福，比如说有钱可以下馆子、买房子、买车子；有权可以让人服从、听话，可以指挥别人；有名可能得到尊敬、崇拜、羡慕。物的享受、权的力量、名的荣誉，都会使人产生一定的满足感，但那只是一种短暂的自我感知的“幸福”。其实，贪欲是永无止境的。没钱的时候想有钱，得到之后或许有一阵喜悦，接着便是不满足，又想着有更多的钱；没权的时候想着有权，升职之后或许有一个阶段的满足，渐渐地，又会产生对更大权力的欲望；没名的时候想成名，有了一点小名气，又想着增加更高的知名度。所以，“幸福”总是不能长期驻留下来，更不能伴随自己一生一世。如果每天累积的是满脑子的欲望，非但得不到真正的幸福，终有一天，还会欲火焚身。所以，真正的幸福来自内心，是一种心灵的能量，是一种可以让自己幸福，同时也让别人幸福的内在力量，即种好心田。如果一直想着自己吃了亏，别人沾了光，别人对不住自己，非但种不好心田，甚至会荒芜了心田。所以，种好心田很重要。正如寒山在诗中所说的：“吾心似秋月，碧潭清皎洁。无物堪比伦，教我如何说？”看来，幸福不幸福的关键是我们的心，心里有什么，就聚什么。正所谓“祸福无门，唯人自召”。

魏老师，您在任何情况下，几乎都保持了很快乐的心境。因为这个你自己说了算。而有的人尽管也能自己说了算，却始终牢骚满腹，时不时地还大发脾气。这样的人本来可以活一百多岁，可是，五六十岁甚至四五十岁时，他们就提前走完了一生的历程。其实，不是外力让他少活了几十年，而是他自己没有种好心田，从而导致生命的提前终结。

有的人喜欢唠叨、抱怨、生气，甚至这些变成了一种惯性行为。岂不知，唠叨、抱怨、生气是对自己的心田的一种无意识的毁坏。其实，唠叨、抱怨比抽烟更加损害自身的健康。

我曾看过一篇文章《宇宙的九大定律和四大原则》，里面提到了以下两条定律——其一是吸引定律：人的心念总是与和其一致的现实相互吸引。因为人都是选择性地看世界，人只看得见和留意自己相信的事物，对于自己不相信的事物就不会留意，甚至视而不见。所以人所处的现实是人的心念吸引而来的，人也被与自己心念一致的现实吸引过去。这种相互吸引无时无刻不在以一种人难以察觉的、下意识的方式进行着。一个人的心念是消极的或者丑恶的，那他所处的环境也是消极的或者丑恶的；一个人的心念是积极的或者善良的，那他所处的环境也是积极的或者善良的。人如果能控制自己的心念（思想），使之专注于有利于自己的、积极的和善良的人、事、物上，那这个人就会把有利的、积极的和善良的人、事、物吸引到其生活中去，而有利的、积极的和善良的人、事、物也会把这个人吸引过去。

其二是深信定律：人如果真正深信某件事会发生，则不管这件事是善是恶、是好是坏，这件事则很有可能会发生在他身上。比如一个人深信积极的事物一定会发生在自己身上，积极的事物就很有可能发生在他身上。又如果一个人深信自己命不久矣，那这个人的生命也不会延续太长。所以，用好的信念取代不好的信念，是命运修造的原则。我非常喜欢米奇·阿尔博姆的《相约星期二》，书中的主人公莫里·施瓦茨老人是米奇十五年前的老师。老人得了绝症，叫肌萎缩性侧索硬化，来日无多。一天，米奇去看他，大吃一惊，没想到自己的老师已经病入膏肓，问他何以病成这个样子。老人说自己得了绝症，快死了。但是他说话的时候很平静，甚至很快乐。米奇说，老师，我可以帮您什么忙吗？老人说，你要是真想帮我忙的话，当然可以，以前上学的时候你不是星期二来听我上课吗？现在，星期二你再来继续听我讲课，不过，现在我讲的内容与以前的不一样了，是讲我是如何一步一步走向死亡的。老人在向米奇讲述自己逐渐走向死亡的过程的时候，非常从容，甚至很幸福。在老人看来，生可以演绎出一番精彩，死也同样可以撞击出生命的火花。

由莫里老人，我想到了孔子的乐感文化，这种乐感文化在您身上就体现得非常明显。孔子一生遭遇了很多波折，他曾经带着他的弟子周游列国十四年，即使回到鲁国也不受重用。但是，他的心情依然很好。他谈到自己时说了一段很妙的话：“其为人也，发愤忘食，乐以忘忧，不知老之将至云尔。”意思是说，我发愤忘食地学习，快乐得都不知道忧愁了，甚至连老了都不知道。他还说：“饭疏食饮水，曲肱而枕之，乐亦在其中矣。”意思是说，我吃粗饭，喝凉水，把胳膊一弯当枕头，往地上一躺，睡了，可是，快乐异常啊！这种乐观的精神，对于我们今人来说，依然有着巨大的启示。

但是，很多人是自寻烦恼，对别人一个无意的眼神、一句无心的话，都会生疑心；在某个时段遭遇到挫折的时候，就会悲观失望，怨天尤人。人们往往忘了有得就有失的道理。得的越多，负担也越重；甚至得的越多，失的也越多。无论外界的生活多么光彩照人，只有回到自己的内心世界，向内走，才会发现外界的贴上标签的幸福并不特别重要，只有心灵的力量才是重要的。这样，你就会懂得自己内心真正喜欢做的事情，能够把握生命的方向。一个人的真正实力不是表现在名利场上，而是能够做自己内心真正喜欢做的事情，能够把握生命的方向。所以，我们应当以最纯净的态度去对待事情本来的样子，“物来则应，物去则空”。因为得失在人生中总是相互转换的，我们没有必要自己丢弃本然的快乐。

现在不少人在谈“禅”，因为进入这一境界，人生就会发生变化。那么，什么是“禅”呢？我不想谈玄论道，就打个比喻吧。比如，张三正坐得舒舒服服的，李四却让他站起来，并让他抬起一条腿。然后，陆续往他身上放东西，越放越多，东西越来越重，直到他实在支持不住了，李四才说，现在我把这些东西一件件地拿下来，你再感受一下。张三感到，李四每拿下一件东西，他就轻松一些；全部拿完时，他感到特别轻松。这个时候，李四笑着说，你把抬起的那一条腿放下来吧，并准许他坐下来。这个时候，张三感觉简直太轻松了。于是，李四说，你心里的负担比我给你加的东西还重，如果你能把心中喋喋不休的杂音，那些纠缠你的老旧的疑虑与绝望，以及你心里所需要的外在的名、利等全部放下，你的生命就会非常精彩，你就能进入“禅”的境界。因为我们的心灵太容易失去方向，太容易飞速旋转。是的，人们心里的负担太重了，必须放下。我们在得的时候，还要学会舍，有舍方有得嘛！

有这么一个有趣的故事——

一个青年背着一个大包裹千里迢迢地跑来见无际大师，他说：“大师，我是那样的孤独、痛苦与寂寞，长期的跋涉使我疲倦到了极点；我的鞋子破了，荆棘割破了双脚；手也受伤了，流血不止；嗓子因为大声呼喊而喑哑。为什么我还不能找到心中的阳光？”大师问：“你的大包裹里装的是什么？”青年说：“它对我可重要了。里面装的是我每一次跌倒时的痛苦、每一次受伤后的哭泣、每一次孤寂时的烦恼。靠着它，我才走到你这儿来。”然后，无际大师带着青年来到河边，他们坐船过了河。上岸后，大师说：“你扛着船赶路吧！”“什么？扛着船赶路？”青年很惊讶，“它那么沉，我扛得动吗？”“是的，你扛不动它。”大师微微一笑，说，“过河时，船是有用的；但过河后，我们就要放下船赶路，否则，它就会变成我们的包袱。痛苦、孤独、寂寞、灾难、眼泪，这些对人生都是有用的，它们能使生命得到升华，但若须臾不忘，就会成为人生的包袱。放下它吧！孩子，生命不能太负重！”于是，青年放下包袱，继续赶路，他发现自己轻松而愉悦，步子迈得比以前快得多。

实际上，我们每个人的心理包袱并不比这个青年少，有荣誉，也有耻辱，有成功，也有失败，有高兴，也有忧伤，如此等等，如果不放下它们，它们就会成为我们前进的障碍。只有学会放下我们的分别心、是非心、得失心、执着心，才能轻装上阵。

人们往往只看见一些有形的东西，其实，那些无形的“负担”更重。只有放下心理层面的负担，才能走进“无我”的境界。当你抓住一件东西不放时，你只能拥有这件东西；如果你肯放手，你就有机会选择别的东西。正如我们的内心那样，若固执地坚持自己的观念，不肯放下，那么，你的智慧就只能达到某种程度而已。既来之，则安之，拿得起，实为可贵；放得下，才是人生处世之真谛！懂得人生的真谛后，就会天天有一个快乐的心情，就会把平常的生活过得快乐幸福。

我之所以喜欢听您讲课，其中一个重要的原因，就是您没有自寻烦恼，而是主动地寻找快乐，并且将这种快乐有效地传递给听您讲课的人，以及与您相处的人，从而让他们的心灵也愉悦起来。

我有一点与您心灵相通，那就是我也是一个比较能够种好心田的人，即使遇到在一般人看来非常不好的事情，我也多能泰然处之，甚至快乐行之。比如，1996 年我在《当代小学生》杂志已经当了 8 年的主编，发表了很多作品，在一般人看来，我很有发展前景。可是，就在这个时候，我的一位同事大为妒忌，给山东省纪律检查委员会寄了一封告发我的匿名信。这个同事可谓煞费苦心，对于我的“严重问题”逐一列出，甚至一个一个小“细节”都写得一清二楚。结果，山东省纪律检查委员会发了一个通报。为此，山东省教育委员会成立了调查组，对我的“严重问题”进行调查与核实。当然，这些“严重问题”纯属子虚乌有。就在这个过程中，省教委领导也找我谈话，了解情况。正是在这些调查与接触中，他们更多地了解了我。而我一直平静对待，坦然处之。

结果，正应了拾得与寒山的那段对话——寒山问拾得：“世间有谤我，欺我，辱我，笑我，轻我，贱我，恶我，骗我，如何处治乎？”拾得曰：“只要忍他，让他，避他，由他，耐他，敬他，不要理他，再待几年，你且看他。”当年年终做述职报告的时候，我对全社职工说了下面一段话：“我一直守持着一个做人的基本底线，那就是不做违法之事。可是，有的人却并不理解，甚至对我进行诽谤与诬陷。不过，我不会为此而生气，因为任何事情最终都要以事实来昭示它的真伪。而且，请诽谤和诬陷我的同志放心，我没有时间，没有精力，也没有必要‘以其人之道，还治其人之身’，我会一如既往地更好地发展自身，也会一如既往地善待他人。”

不知道与这次的“风波”有无关系，1997 年 5 月，山东省教育委员会做出决定，提升我为山东教育社副总编。

对于诬陷我的人，我心知肚明。社里有的同事也比较明白，所以，有人对我说，应该好好地报复他一下。确实，那时我已有了报复他的条件。而且有一件事情，如果我不为他辩解，就会让他承受很大的压力。可是，我帮了他这个非常大的忙。这不是说自己的境界有多么高，因为报复别人，受苦的却是自己，仇恨永远不能化解仇恨，只有宽容才能化解仇恨。当你报复别人的时候，自己的人格也在受损，而且自己也会痛苦。而我宽容了他，心里很坦荡，很快乐。后来，他终于向我忏悔，几乎是哭着对我说："我太对不起您了！可是，您还是对我这么好。您的宽容，让我感动一辈子。"我说："我宽容您，也是为了我自己好啊！我要是记恨您，我的心里装的都是恨，整天活在恨中，我会很难受的。而要是报复了您，您会非常尴尬，您心里又会恨我，您的心里再装满恨，这样，我们两个人的心态都会被恨扭曲，而且还会影响我们周围的好多人，那我心里不是更难受了吗？那样，我会自我谴责终生的。"魏老师，每逢想起此事，我都会特别欣慰，甚至有一种非常幸福的感觉。

记得看过这样一个小故事，心里很是感慨：蜚声世界的绘画大师毕加索，对冒充他作品的假画毫不在乎，从不追究。他风趣地说："作假画的人不是穷画家就是老朋友，那些毕加索的假画能使许多人有饭吃，而我也没吃亏！"您说这样的宽容之心多么难得啊！这，也许就是您所说的种好心田吧！看来，种好心田的主动权不在别人手里，而是牢牢地把握在自己的手里，自己的心中。

拥有一颗能容物容人的心，心境就会平和起来。即使在一般人看来一定会生气的时候，我也基本上能做到心平气和。我一年当中最多生三四次气，不过，我一般不会将气转嫁到别人身上，而会在 5 分钟之内将气化解掉。我会冷静思考他为什么气我，我有什么问题。尽管大部分都不是我的问题，但我首先要思考自己错在哪里。当我想到问题出在他人身上时，我就不生气了。为什么？因为我感到他很可悲，很可笑，所以我可怜他，同情他。同时，我也为自己的雅量而感到自豪。

我认为，“不迁怒”应该成为人们的一种生命状态，因为情绪会传染人。当一个人有不好的情绪时，一旦和他人相处，就会将之传递给别人，使别人也感染上负面情绪。一种不好的情绪传染出去，其消极影响是非常大的。它所带来的结果四处可见，还会积累。特别是老师，若把不好的情绪传递给学生，学生的情绪也会变得不好。当一个老师阳光灿烂地走进教室时，传递给学生的是一种正能量，这会提升学生的学习效率；当一个老师满脸忧愁、满腹牢骚甚至气急败坏地走进教室时，即使用最好的教学方法，教学效率也不会高。所以，教师要特别注意不断地向学生传递正能量。

正能量是需要快乐心境才能生成的。那么，怎样才能更多地拥有这种正能量呢？我常用的一种方法就是精神胜利法，就是始终给自己一个积极的心理暗示：我很快乐，很幸福，没有什么能阻挡我的快乐与幸福。

这也许就是你所说的要种好自己的心田吧！这样，不但利己，也利人；不但当下快乐，而且一生幸福。

魏书生：东方人、西方人，大教育家、大思想家、大哲学家，他们都是相同的，都是在追求快乐，追求精神快乐，独立自主，精神上不受周围任何东西的制约，无论如何都坚持自己的人格。即使以失去所有东西为代价而能守住自己的人格，都觉得值得，是快乐的。

马克思高明在什么地方呢？是因为他指明了既解放自身，又解放全人类的办法，是他首次指出人的社会存在决定人的意志，经济基础决定上层建筑。人类的生产力水平若不发展，大洪水一来，大瘟疫一来，大地震一来，人们还是会束手无策。只有通过经济的发展、生产力的发展提高整个物质文明的高度，促进精神文明的进步，人类才可能在大自然允许的前提下，整体获得更多的自由。所以，我真心诚意地信马克思主义，因为马克思主义科学。更何况马克思就是规范自己的典范。他的小儿子病了请不起医生；死了，甚至买不起一口小棺材。恩格斯说以马克思的聪明才智，如果把自己变成一架赚钱的机器，他一定活得非常舒适、安逸，这是毫无疑问的。但是马克思选择的人生最大的幸福是为人类服务，选择之后矢志不渝，追求真理，写教案，写教科书。《资本论》是教科书，教育更多的人认识到，可以通过这种方式发展生产力，发展精神文明，从而得到全人类的解放。真是一条非常正确的道路！至于后来有人歪曲马克思主义，则另当别论。真正的马克思非常了不起，受其影响，有很多真正的共产党员离妻别子，抛家舍业，投身革命，陷身囹圄，在监牢里照常研究，思考，锻炼，办报，仍然满怀着自豪感和幸福感。

所以，人们在现阶段，要努力种好心田。种好心田不是自己最终的目的，最终还是为了促进整个人类的解放，然后大家自然都会种好心田。再发展三五百年，我们物质文明、精神文明高度发展，文明了，进步了，更规范了道德，人们自然就更自律。整个社会更规范，管理没有漏洞的时候，若想违法，连缝隙都没有了。所以，咱们在种好心田的同时，还要追求咱们的理想。

陶继新：您说若没有经济的发展，就很难达到高层次的文明，是很有道理的。因为折磨人的贫穷是很难让人过上高品质生活的。管子就说过这样的话："仓廪实而知礼节，衣食足而知荣辱。"就连孔子也认为，人多了，先要"富之"，然后才"教之"。看来，马克思主义所说的经济基础决定上层建筑是很有道理的。但是，人们的物质生活基本满足之后，对精神生活的追求就应当成为一种主要的指向；如果再执着于物质，特别是"孜孜以求"，甚至贪得无厌，就会在心灵深处生成有害的东西，就不会真正幸福起来。

刚才您说的苏格拉底，我也特别敬仰，他堪称一个得道之人。他被判了死刑，要喝毒药死去。其实，苏格拉底完全可以不死。他的弟子就在那儿，完全可以让他逃生。但是，苏格拉底没有跑，他不慌不忙地喝了毒药，从容，自然，甚至快乐。他是死了，但是他的精神没有死，而且一直光照着世界。

《资本论》我只读过一遍，没有参透其中的真谛。马克思的存在决定意识等很多观点，迄今仍然闪烁着光芒。他是一个真正意义上的大思想家，他的很多学理层面的思考与述说，至今读来仍有一种高山仰止的感觉。

魏书生：特别是他指出了怎么发展生产力，他还破译了剩余价值规律，解释清楚了市场是怎么回事。

陶继新：有时候我在想，世界级大师与一般专家就是不一样。专家多在“术”的层面摸索，而大师多游弋于“道”的境界。《周易》有言：“形而上者谓之道，形而下者谓之器。”在现实生活中，技术也是很重要的，可是，如果达不到道的层面，就不可能种好心田，因为技术很容易学会，而“道”是很难学到的，就连孔子的高足子贡也感叹说：“夫子之文章，可得而闻也；夫子之言性与天道，不可得而闻也。”只懂“术”的人是不可能有让生命感到震撼的精妙话语的。为什么有的专家作报告的时候，听众会昏昏欲睡？其中一个重要的原因，就是专家没有可以点亮人的生命之光的“道”，当然，其报告也就没有什么智慧含量了。知识和智慧不在一个层面，知识更多关注的是事物与技巧，智慧反观的则是人生与感悟。如果仅仅拥有知识，那么看到一块石头就是一块石头，看到一粒沙子就是一粒沙子。但如果拥有智慧，就可以从一块石头里发现一道风景，从一粒沙子里发现灵魂所系。

所以，爱因斯坦认为，专家如果徒有专业知识，没有人格品质，只不过就像一只训练有素的狗。是的，如果没有种好心田，只是训练有素，就无法让生命升华，就不会用幸福与他人的生命链接。

写作审美

魏书生：谁要跟您说魏老师干得很累，经常写稿、写书写到后半夜，您千万别信，根本没那回事儿。20 世纪 80 年代我回家后基本不写稿，90 年代我当校长的时候回家后不写一个字的稿，我那个稿、书都是在教室里，用公家的时间写出来的。下班铃响后回家过正常的日子，绝不把班上的工作带回家。我的《语文教学》那本书是 80 年代写的，学生上数理化课，高高兴兴地讨论问题，我就在后面跟读者一篇一篇地谈心，咱用不着端起架子来，仿佛告诉别人：本人要写书了。我就是觉得，咱们打工干活的人，要让自己打工干活的辛苦顺着笔端，高高兴兴流淌在纸上，和读者谈心。读者一看，魏老师这句话说错了。错了吗？改。魏老师这句话有点道理。是吗？继续往深处钻研，不就是这点事儿？《语文教学》那本书印了几十万册，而我就写了一个来月，然后就让出版社印出来了。我的《班主任工作漫谈》那本书是 1993 年写的，也就是用了 3 个月的时间在教室里完成的，不算盗版的，正式印刷七十多万册。写《家教漫谈》这本书时，学生在高高兴兴上课，我在高高兴兴和读者谈心，也就用了一个多月的时间。

陶继新：您的书为什么写得那么快，又那么受到读者的欢迎呢？因为您要写的东西，都在您的心里，都是您思考与经历过的，而不是抄袭别人的。没有实践，写出来的东西大都没有生命力。有的人穷其一生进行理论研究，写出了很多理论著述，可是由于没有亲身实践，所以，这些著述总让人感到有点悬在空中的感觉，总是得不到人们的认可。实践生活这个链条一旦断裂，写作就没有了生命张力，没有了市场。不管你的地位有多高，名气有多大，读者都不会买账。

我还非常欣赏您哪一点呢？就是您的写作都是在上班时间完成的，您从来不加夜班。我也从来不加夜班。我已经发表了 1000 多万字的文章，都是在白天完成的。我很欣赏《周易》中的一句话："与天地相似，故不违。"我把它理解为，只要与天地的运行规律一样，人的身体就不会出现什么问题。天地到底是什么样子呢？白天是明亮的，就需要你工作、学习、生活、活动；晚上是黑暗的，就需要你休息，深夜就需要睡眠了。为什么有些人会得病呢？为什么有些作家英年早逝？这与违背天地运行规律有直接的关系。如果人违背了宇宙自然法则，虽然不一定会立即得病，但久而久之，就会大大增加得病的概率。这就和违背了交通规则一样，虽然不一定会出事故，但其危险性是显而易见的。《黄帝内经》有言："人以天地之气生，四时之法成。""夫人生于地，悬命于天，天地合气，命之曰人。人能应四时者，天地为之父母。""阴阳四时者，万物之终始也，死生之本也，逆之则灾害生。"可见，人与大自然的关系是极为密切的。大自然按照自己的规律不断地运动变化，周而复始。人长期在这样的自然条件下生活，也就形成了体内气血盛衰、阴阳消长的相应变化。所以，人自身的活动要遵守自然宇宙的运行规律，人的饮食起居要遵守天地之法，这样，人自身才能得到天地的恩赐，从而健康长寿。如果逆天地之道而行，必然会疾病缠身。因此，白天休息睡觉，晚上写作，与天地的运行规律背道而驰，就是违背天道，就会受到上天的谴责。白天与晚上睡觉感觉是不一样的，同样是睡 7 个小时，晚上睡就会感觉非常舒服；如果换成白天睡，感觉很不一样，这是因为有一个看不见的天道在起作用。

也许有人认为，白天人多、太乱，夜间比较安静，写作效率会高。可是，如果以影响身体健康为代价，就得不偿失。况且，静与不静，更多的不在外在环境，而在内在心灵。只要心里静了，一写起文章来自然就可以进入状态。您所处的环境也不是特别安静，可是，您的写作效率照样很高，质量也非常高。

不过，进入写作审美境界前，是需要经历一个苦的过程的，要不然，就不会有甜，有美。这个过程就是坚持阶段。开始的时候，人多雄心万丈，可是，当困难、艰苦不断地增加时，很多人原有的信心就开始减退，最终放弃了前行的决心，结果前功尽弃。其实，这个时候，恰恰是成功即将到来的时候，正如黎明前的曙光马上就要到来一样。“二八定律”告诉我们，人在追求目标时前 80%的时间和努力，只能获得 20%的成果，而 80%的成果是靠后 20%的时间和努力获得的。很多人在追求目标的时候，由于久久不能见到明显的成果，于是失去信心而放弃。不要预期前 80%的努力会取得很大收获，只要不放弃，最后 20%的努力就会使人有长足的进步。

不过，有的人遇到再大的艰难险阻也毫不畏缩，最终到达了辉煌的成功殿堂。在一次又一次地坚持且取得成功之后，就会形成一种克服困难与战胜困难的勇气，进而形成一种思维惯性，再遇到困难时就会勇往直前。于是，就形成了一种习惯。习惯还不是最高境界，还要从习惯升华到审美境界，也就是孔子所说的“游于艺”。我觉得，我学练打字的过程就是如此。

1999年12月至2000年1月，山东省教育厅办了一个月的电脑培训班，当时，我正好去新加坡参加中国期刊展，没能参加。自2001年5月1日起，山东省教育社又进行了两周的电脑提高班的培训。第一天上午参加培训的时候，由于我从来没有学习过有关电脑的知识，与那些已经学了一个月的同事当然就不在一个水平上。老师所讲的，对于我而言，几乎是对牛弹琴。整整一个上午，我就像听天书一样，一无所获。下午我决定不再参加培训。但我想，是不是可以自学？对我这个经常写文章的人来说，学会打字太重要。于是，我决定先自学打字。是学拼音输入法，还是学五笔字型输入法呢？我选择了五笔字型输入法，因为这种方法学会之后，打起字来要快得多。于是，整整一个下午，就背诵“王旁青头兼五一，土士二干十寸雨”等二十多句五笔字型的字根，直到倒背如流为止。

5月2日上午，我就开始练习打字。一练我才发现，背会字根与对应键盘完全是两码事，每一个对应，都要费些时间。而且越是对应不上，越是难受；越是难受，对应起来越是困难。到了10点来钟，我开始头晕，心里也烦躁不安起来，我想放弃，心想，那么多年轻人用的都是拼音输入法，我又何必如此逞能呢？这个时候，我突然想起英国前首相丘吉尔在牛津大学的一场“成功秘诀”讲座——

1948年，牛津大学举办了一个“成功秘诀”讲座，邀请到了当时声誉已登峰造极的丘吉尔来演讲。三个月前媒体就开始炒作，各界人士皆翘首以盼。这一天终于到来了，会场上人山人海，水泄不通。一些世界级新闻机构也到了，人们准备洗耳恭听这位大政治家、外交家、文学家的成功秘诀。丘吉尔用手势止住如雷般的掌声后，说："我成功的秘诀有三个：第一是决不放弃(Never give up)；第二是决不、决不放弃；第三是决不、决不、决不放弃！我的演讲完了。"说完，他立即走下讲台。会场沉寂了一分钟后，突然爆发出激烈的掌声，经久不息。

想到丘吉尔的这场演讲，我不由得站起来大声喊道："决不、决不、决不放弃!"然后，就继续练习打字。不管多么难受，我下定决心，都要坚持下去。结果，大约到了12点的时候，我感觉自己背诵的字根与电脑的键盘逐渐和谐起来，感觉打字竟然如此美妙。这令我想起了自己当农民的时候，终于凑了一点钱买了一辆自行车。刚学会骑自行车的时候，田野里一片绿色，我就在那两边全是田野的土路上骑着自行车，有一种妙不可言的感觉。而这个时候打字的感觉，宛如当时骑自行车一样，太美妙了！家里人几次叫我吃饭，我都不愿意离开电脑。后来，迫不得已，才去吃午饭。中午稍微休息了一会儿，就想继续练习打字。刚坐到电脑前，突然产生一个新奇的想法——刚采访完山东省东营市教育局局长张洪生，何不现在就用电脑完成这篇访谈呢？结果，一个下午将2600字的访谈写完了。尽管有个别字还没有打出来，可是，那种特殊的成功感已经充满了整个心田。

从此之后，我所有的写作，都告别了纸与笔。出差的时候，常常带着手提电脑。火车上、轮船上、飞机上、宾馆里，我经常是打开电脑，敲打文字。我的很多文章，就是这样完成的。现在，不仅可以盲打了，且速度相当快。而且，一打起字来，就有一种审美的快感。

我有一个报告，题目叫“近‘道’写作：开启审美人生之门”。写作就是一种审美。我写起文章来总有一种妙不可言的感觉。我是2008年3月份退休的，您知道我这十多年来的生命状态吗？除了出差在外听课、评课、讲课、采访、开会等，在家的绝大多数时间是在写作。我大体计算了一下，我平均每个月正式发表文章都在6万字以上。现在是越写越愿意写，越写越会写。为什么会达到这样一种状态呢？人们大都看过《庄子·养生主》，庖丁为什么能“恢恢乎其于游刃必有余地矣”？关键是他杀牛杀了19年了，其“道”“进乎技矣”。所以，写作的高层境界是近道。近道之后，写起来就会游刃有余，就会兴奋，就会愉快。现在如果不让我读书，不让我写作，我觉得我的生命就会索然无味，甚至会少活很多年。

享受讲课

魏书生：我第一次到西藏讲课的时候，孔繁森陪了我5天。当时他任拉萨市的副市长，他说，魏老师，你得休息休息再讲。我说，为什么？他说，这儿海拔3700多米，氧气含量是平原地带的60%多，不到70%。赵本山到这儿来说小品得打氧气，冯巩来说相声，一下飞机直接就进医院了，住了几天院直接就飞回去了，相声没说成。他说，你是讲课，不是说相声小品，相声小品一个小时到头了，你得休息休息再讲。我说，我没有时间休息。他说，为什么？我说，我在这儿讲完马上得去哈尔滨，哈尔滨要举办全国第二届学习科学年会，17台大客车为我一个会服务，我是“一把手”理事长，如果不到会，不让人笑话死咱？我说我得赶紧讲。

他说，你什么时候开讲？我说，我第二天开讲吧。第二天能行吗？我说，不行你们再抢救吧。第二天，在拉萨市政府大礼堂开讲，那边抱着氧气袋，随时准备抢救。结果咱一说，一个小时没感觉，两个小时正常，半天下来没问题，上午没问题，下午又讲了半天，第一天没问题，第二天接着来吧。我第一天讲人的观念的变化、对教育的看法、为什么教、教什么、怎样教等一些基本观点和看法。第二天我讲怎样当班主任，因为时间比较宽裕，我讲了整整一天。第三天我给西藏的学生连着上了两节语文课，有很多人围观；接下来我谈怎样培养学生的自学能力。第四天我才讲怎样当校长，讲到下午 1 点 10 分，我说，朋友们、同志们，现在是 1 点 10 分了，我明天早上 5 点就要奔飞机场飞回去了，我好不容易来一趟拉萨，想看一看拉萨市容，就剩下午这点时间了，我下台吧。大伙儿喊，别下台。我说，干什么？照相。我说，可不是，那就照吧。几个领导往那儿一坐，后边搭上架子，从 1 点 10 分照到 1 点 30 分，又照到 2 点 15 分，才把我放下台来，照了这么厚的一摞照片！

然后我赶快去郊区的寺庙——大昭寺、小昭寺看了一圈。回到宾馆时，房间里全是人，干什么？等着我座谈呢。我说谈吧，谈到晚上

10点，11点，半夜12点，最后我说，孔市长，你们明天千万不要送我。哪能不送你呢？你好不容易来一趟拉萨！我说，送我，我倒没什么。只是你们明天还能爬起来吗？可不是吗？那咱们快走吧。于是，市长领着教委、体委的主任、副主任，书记、副书记，还有一些领导，半夜12点5分告别，第二天早晨爬起来送我。孔繁森说，魏老师，你一定有秘诀。我说，什么秘诀？他说，拉萨这个地方没有任何领导讲话能够连续超过两个小时，可您一讲课就是三天半。你现在看1995年4月28日的《人民日报》，上面刊登了孔繁森的日记，其中有一篇专门写我的，他说在拉萨和平解放40周年的时候，我们请来了魏老师讲课，可以说这是拉萨教育史上的第一次。拉萨这个地方没有任何领导讲话能够连续超过两个小时，可魏老师一讲就是三天半。下面还有很多话，咱不知道孔繁森半夜回去还写了这么一篇日记。

他说，魏老师，你一定有秘诀。我说，秘诀就是一个人应该保持自己的且不伤害他人的个性特点，别忙着“追风”，别“南风”来了追“南风”，“北风”来了追“北风”，追来追去你成了什么？我是“咬定青山不放松”，“任尔东西南北风”。于是，相对来说活得舒服，然后自然就节省了成本。

陶继新：一个人初到高原的时候，最容易出问题的就是前一两天。2006年7月，我去川西高原的时候，第二天就到了海拔4500米以上的猫鼻梁，看四姑娘山，云雾缭绕，白雪皑皑，特别美丽。不过，这个地方空气稀薄，在这里行走困难，会感到头晕。晚上，与我同行者就有两人打了吊针。在这种状态下，休说讲课，就是快走几步，都会出现不测。

您到拉萨时，第二天就开讲，这不但需要勇气，也需要极好的身体素质。因为由此出现问题，已不是什么新闻。更令人不可思议的是，您竟然连续讲了三天半！这是一个奇迹，也是一个谜！我不知道如何解释它，除了您良好的身体素质，起决定作用的恐怕是心理——您相信行，而且事实证明也确实行。

其实，人的潜力是非常大的。

那次的川西高原之行到了第六天，也就是2006年7月10日，早晨6点30分，我们就从稻城亚丁酒店起程了。当天，要翻越一座海拔4000米以上的高山，至少要走12个小时的路程。可是，看看大家的脸色，一个个从容自然，甚至快到海拔4800米的山上时，大家还是没有什么反应。其实，这时绝大多数人已经没有了高原反应，只有个别人还有一点反应，而且这种反应与初到此地时已有本质的区别。刚来的时候有的人反应得非常厉害，此时他们也已谈笑风生。所以，吃午饭的时候，一个个兴高采烈。这使我想到：人的适应能力是很强的，有时候这种能力之所以显现不出来，是因为人本身心理上没有认可这种能力，或者在一开始适应之时有了一定的反应或困难，于是退下阵来。所以，走向较大成功的人，一般都是先在心理上取胜，而后在行动上取胜。相反，有的人之所以没能成功，是因为心理上先自我战败了，而且往往知难而退、而惧，特别是有的人在将近成功的时候，失去了前行的信心，于是前功尽弃。正如孔子所言："譬如为山，未成一篑，止，吾止也。譬如平地，虽覆一篑，进，吾往也。"我想想自己一生中所取得的点点成绩，都是因为在心理上有了必胜的信念之后，又持之以恒地坚持了下去。我对自己有一个清醒的认识，我没有比一般人高明或者聪明的地方，可是我有精神胜利法，并从容自然地追求目标，而且有虽败却并不气馁的品质。精神胜利法与道法自然，是我现在的生存状态。这种状态使我的生命质量比二十几年前有了很大的提升。所以，尽管在那次旅行中我的年龄最大，但我是对高原空气适应最快者之一，而且是在海拔 4000 米之上连续走了 12 千米的两个人中的一个。甚至从进入高原的第二天下午开始，我就已经完全适应了高原上的这种气候与环境。

是不是可以这样说，人的心灵状态，往往决定着人的生命状态？您的心灵状态是和谐的，因此，您的生命状态也就和谐了。因为心灵和谐，就会节省很多不必要的“开支”，更不会“透支”身体，而且长期的和谐与超然，还会在人体内产生一种想象不到的能量，它会创造奇迹，会让生命展示出一个又一个的精彩。

您讲课跟别人讲课不一样的关键在哪里呢？那就是他们是在传授知识，是在付出体力，很累甚至很苦。而您则不一样，您是在用智慧、用心灵，讲您的生命感受，是在传出生命能量，同时也是在吸纳生命能量。正因如此，您不累，更不苦，相反，您是在享受，在审美。所以，就有了西藏讲课的“奇迹”。不只是在西藏，您在其他地方，有的时候连续讲上十来天，嗓子一点儿也不哑。这不能从技术上去解释，而应当从内在动力上去思考：您在享受自己之讲，享受大家沉醉其中之美。所以，一个会场上一两千抑或几千人，都在吸纳您的幸福的能量，并化作自己的幸福的能量，又进而传递给您。于是，就形成了一种共在的幸福的场。这，也许就是不管在什么地方，不管讲多长时间，您都不累不苦而乐而美的奥秘之所在吧。

不为物役

魏书生：我干了11年半省重点中学的书记兼校长，干到离开那一天，一没有办公室，二没有办公桌，原因是什么？我觉得要那个没用。我这种低成本运行的习惯已养成了。那时候，我们办公楼内副校长、主任每人一间办公室，都是阳面的房间。即使这样的屋子，若派不上用场，我让它空着也不要，我个人觉得什么东西没用，我就不用。我干了13年的局长都不用手机，我觉得手机没用！对别人有用，对我却没用，这样就形成了自己这种工作的方式。那我在哪儿办公？我长年累月就在教室里办公，前面摆满了学生的课桌椅，一、二、三、四、五、六、七、八排，最后一张，也就是学生的课桌，往那儿一放，就成了魏书生的办公桌。

我养成了这样的习惯，但是我不能要求老师们、主任们、副校长们、校长们：你们都要办公室干吗？一人搬一张桌子都到教室里办公去得了。不对，对人家来说，要办公室很好；对我来说，不要办公室很好。

陶继新：孔子有一句名言："己所不欲，勿施于人。"其实，您是己之所欲，也不随便施之于人。从这个意义上来说，您是一个“超人”，超凡脱俗。可是，您自己并不这么认为，您感觉本然如此。这才是高人一筹之处。从另一个角度来看，您更喜欢与学生在一起。您与他们有一种内在的联系，与他们在一起的时候，您是快乐的、幸福的。而有了这种感觉，工作起来，写作起来，就不会感到不舒服，反而会更加高兴。

记得我在曲阜师范学校工作的三年多时间里，一到寒暑假，我就要大病一场。为什么呢？学生一走，整个校园安静下来，本来是可以好好地读书了。可是，我的心里空落落的，有一种失魂落魄的感觉。原来，我教的学生已经成了我生命的一部分，离开他们我就有一种心灵的煎熬。而感冒，除了因为太过疲劳之外，很多都是由情绪不佳引起的。因为这个时候人自身的免疫系统往往会出现问题。您与您的学生已经融为一体了，所以教室既是您的工作之所，也是您的心灵栖息地。

有的人在单位有了一个比一般群众高一点儿的职位，就开始脱离群众，提出一些特殊的要求。大凡这个时候，在办公室等配备上，他都会有“高人一等”的待遇。而且，他的心里往往也会有“高人一等”的思想。有的人居于高位且又重权在握时，便不屑于与一般群众平起平坐，甚至使原来的朋友都敬而远之。可是，这样的人退休之后，几乎无一例外地被为他所“遗弃”的人们所抛弃。您却不是这样的，您就在教师之中，就在学生之中。虽然您现在退休了，可是，他们会更加怀念您。因为您为他们留下了美好的回忆，留下了永远受用的思想与精神，以及那些富有人文情怀的温情。更重要的是，他们将这些美好的东西，又镌刻到了自己的心里，并向他们的同事、学生继续传递。从这个意义上来说，您传播于世的内在的精神所做出的贡献要远远超过外显的层面所做出的。

魏书生：我从没想象过那有什么大的作用，我就是觉得这样舒服。就像我不喝酒，只喝白开水，不是因为别的什么原因，我就是觉得这个东西比酒好喝多了。我不喝酒，但是我愿意看别人喝酒；我不要办公室，但是我愿意看别人要办公室。

陶继新：对此，我也很有同感，因为我也不喝酒。在山东教育社任总编辑期间，我基本上不参加社领导班子的招待活动。开始的时候，大家很不习惯，慢慢地也就感到非常自然了。为什么不参与招待？不是说不应该招待，外面来人时招待一下很正常。只是因为自己不喝酒，别人都在喝酒，有点不合群的感觉。而且，酒桌上有酒桌上的话语，有人称之为“文化”。而我没有这方面的话语，也没有这方面的“文化”。再说，每天花四五个小时参加酒场，的确太浪费时间。人的生命是有限的，我不想将生命浪费在招待上面。在这些时间里，我可以休息，可以读书，可以写作，等等，生活得非常充实，感觉对得起自己的生命。

魏书生：当了局长后我还想不要办公室。有人说，魏老师，局长跟校长不一样，你这党委书记兼局长怎么着也得要一个办公室。于是，我就挑了一个 18 平方米的。现在盘锦市百分之百的县、区，甚至农村的一些校长办公室都比我这个市局局长办公室大。我说，同志们，有朝一日盘锦市百分之百的农村小学校长办公室，都超过我这个市局局长办公室，那才是盘锦教育最佳的局面。我当校长时就觉得要办公室麻烦。我们学校客人太多，因为我当典型的时间实在是太久了，都弄不清是些什么客人。你说你一进办公楼，一坐进办公室，深圳的来了，谈不谈？谈吧。没谈完，新疆的来了，谈吧。还没谈完呢，黑龙江的来了。谈了半天你还干事儿不干事儿？干脆办公楼里没我的位置，客人一来副校长接待，我就是这么一个思路。因此，我不要办公室。但是，我想要说明的另一个问题是，我愿意看别人要办公室，别人也应该愿意看我不要办公室。我愿看别人喝酒，别人也应该愿看我喝白开水，别用酒来劝我。人世间如果都各得其乐，这个地球就舒服了。各得其乐，不是说非得喝酒，喝饮料，我是想说明，喝这个也挺好，喝你那个也挺好，你挺快乐，我也挺快乐，你很健康，我也很健康。你要办公室，干得挺好，学校管得挺好。我不要办公室，我们学校照样年年先进，各样都突出，我书也没少写，班也管得挺好，课也教得不错。你很好，我也很好。这个世界应该是高树挺好，小草也挺好，各得其乐，这才是世界的本来面目，这样大家就都不会去盲目地攀比。

我喜欢在班上写作，用公家的时间写，人家喜欢晚上写，人家也挺好，这样地球就舒服了。我不愿用手机，但是我愿意看别人用手机，人家用挺好，我不用也很舒服。

陶继新：当了盘锦市教育局局长，办公室反而最小，只有 18 平方米，一般人是很难做到的。可是，经您这样一讲，我终于明白了其中的要妙。其实，各人有各人的想法以及做事的方式。我在山东教育社当领导的时候，有一段时间在南面一个小楼的二层办公，那是我们社四个领导的办公之地。后来，又从教育厅调来一个副社长。班子成员一商量，认为他初来乍到，让他到一般编辑办公的地方去不太合适。我说，我去吧。于是，我搬到了一般职工办公的办公大楼的三楼，而且是北面的一个办公室，冬天暖气不好，经常挨冻。有的人说，陶总，您真高尚。其实，我一点儿也不高尚，甚至有点儿自私。因为在那个社领导所在的小楼上，天天都有一拨又一拨来找领导办事的人，即使找别人，因为客气，也总是到我的办公室坐一坐，让我天天处于接待之中。而到了这里，只有找我的人，我才接待。况且，如果没有什么特别重要的事情，班子其他成员也不好意思叫我再跑到那个小楼上去。于是，我有了不少属于自己的时间读书，写作，也才有了今天的积淀。

正是因为少了很多应酬，我才可以抽出比较多的时间外出采访，参加学术会议，读书与写作。所以，虽然我当着总编辑，每月至少还要发表一万字的作品。而且，采访时我绝不会带上一两个或者三四个年轻编辑，采访之后，由他们执笔，署名的时候，自己署在前面。我是自己采访，自己写作，自己署名。因为我觉得，只有通过亲自采访与亲自写作，才能拥有更多的发言权。况且，这里面还有一个人格问题。自己不写，凭什么你要署名？凭什么还要把你的名字署在前面？从这个意义上说，我还保持了自己人格的尊严。

不争之争

魏书生：我是烟酒糖茶、瓜果梨桃、鸡鸭鱼肉都不吃。我们家吃西瓜的习惯多少年都是这么分工的，第一我爱人，第三我儿子，他俩负责吃西瓜瓤，我分工啃西瓜皮，多少年来相安无事，各得其乐。咱何必去想：他们知不知道，据营养学家的考证，西瓜皮的营养是西瓜瓤的 3.5 倍，以后咱家吃西瓜必须采取后现代建构主义的吃法，把瓤抠出来全扔了，一家三口都来啃皮吧。用不着的事儿。他们吃瓤有吃瓤之乐，我啃皮有啃皮之乐，个性化的快乐，你让我吃瓤，我就痛苦。

陶继新：家庭安乐是人生幸福的重要保障，你们三口之家就是幸福之家。虽然与您夫人只有一面之缘，可是，她的善良与真诚，她的从容与自然，给我留下了非常深刻的印象。我们老家有一句口头禅："不是一家人，不入一家门。"言外之意，就是相聚而成为一家人之后，很多方面都是相互影响，而又和谐相处的。虽然您从营养学的角度说西瓜皮比西瓜瓤营养要丰富得多；可是，两者的口感与营养则是反比例关系啊。所以，其中还内含着一个问题——您将最好吃的给了夫人与孩子，而自己吃的却是不好吃的。看来，您在单位做人堪称典范，在家亦然。可以说，您走到哪里，您就为哪里创造了一个和谐的环境，大家因为有您的存在而快乐，而您也因大家的存在而幸福。

魏书生：我是既不吃请，也不请吃，很多人都替我担心。我说，活得还行。我干了 13 年局长。2002 年，中共盘锦市委再一次做出关于开展向魏书生同志学习活动的决定，号召各级领导干部向魏书生学习。我跟我们市委书记说，书记啊，坏了，你这个决定要不做呢，我这个活儿还好干，你这个决定做了我就不好干了。他说，为什么？我说，你想想看，现在这个时代，人家凭啥向咱学？不向我学，大家埋头干自己的事，谁也不太关注谁。一向我学，就等于让大伙儿拿着放大镜看我那点儿毛病，中国有一古语，叫枪打出头鸟。市委书记说，那咱也得树先进典型。这可倒好，树了两年，我们市委书记升成省委常委了，留下我一个人在那儿让人家学，你说是不是挺难的？

2002 年学，2003 年学，2004 年学，2005 年市委改选。竞争完，公布结果，37 人光荣当选，魏书生同志得票排在第二，谁比我多一票？省里刚下派的代市长比我多一票。可见大家还是讲理的，还是希望一件一件地干事，一句一句地说实话。

反正我就是这个活法，你说我好呢，我就是一件一件地干事儿，看谁都是咱的助手。说我不好呢，我挨批判的时候还是一件一件地干事，只要人在，就好好干事，这就是我的个性，所以我活得相对轻松。

陶继新：不吃请、不请吃有四个好处：一是节省了很多时间，可以用这些时间来读书、写作；二是身体会健康一些，因为在酒场上往往会伤身，时间一长，容易得病；三是酒场上太过喧嚣，对于喜好安静的人来说，这无疑是一种折磨，离开这种场合，对于修身养性，会大有裨益；四是请吃与吃请，不少是因事而吃的，有的往往是走走关系，搞不正之风，远离这种场合，对于有正气、有正事的人来说，绝对是利多弊少。

是不是不参加这些场合就失去支持了呢？您用事实回答了这个问题，一个不吃请、不请吃的人，市委改选时却得了几乎最多的票。这说明了两个问题：一是您为教育做出了巨大的贡献，在全市人民心中具有很高的威望，大家信任您；二是盘锦市的政治环境与人文环境比较好，只要努力工作，是可以得到大家认可的。您这个典型当了几十年，如果没有一个比较好的人文环境，是很难维持下去的。另外，从中也可看出您超越他人的大智。您是从来不与他人争什么的，但是正如老子所说："夫唯不争，故天下莫能与之争。"因为不争，所以也就无人可与之相争。也正是因为不争，所以心里相对轻松，心情也就比较快乐。

但是，仅仅不争是不行的，还要如您所说的那样，要干事，而且要一件一件、踏踏实实地干。在您任教育局局长期间，盘锦市的教育持续地发展，对此老百姓有目共睹。所以，即使您不争，老百姓也会给您争。如果您得不到相应的荣誉，虽然您自己不会有半点计较，可是，老百姓会计较。此之谓"民心不可违"也。

人类发展历史进程中任何一个岗位需要的都是时间，就看你是不是全身心地在干。你若全身心地干，在最平凡的岗位上你也干得非常快乐，有滋有味，有声有色，如诗如画，如舞如歌。你若不诚心干，给你高官做，你也不会快乐。要活出个性，活出职业个性。这才是对人的一种尊重。当然，也别说人家不对劲，大家都挺对劲的。这就是民主。

陶继新：攀比之风，一度在社会上有越来越盛之势。然而，攀比的大多是什么？是他人的地位、钱财、名誉，等等。可是，这些东西比起身体健康来，比起心灵愉快来，到底有多少价值？然而，人们往往陷入其中而不能自拔。于是，就痛苦，就想赶上自己要攀比的人。如果赶不上，就会特别苦恼。其实，人与人是不一样的，也没必要都一个样。你可以当好你的总统，我可以当好我的老师，你可以家有万贯资产，我可以只有少许存款。感受到了生活的意义，天天快乐，这就是幸福。如果丢失了快乐，家产再多又有什么价值？如果没有了健康，身处高位又有多大意义？可是，在攀比的时候，人们往往都指向外部，指向虚幻的东西，从而忽略了那些最应当攀比的东西，即身体与心灵。让生命回归本位，让幸福走进自己，这才是最重要的。

松静匀乐

魏书生：32 年前，中央电视台的记者在天安门城楼上采访我：魏老师，你靠什么取得了这样的成绩？我说我靠两大点、一小点。

当时，国务院表彰 10 个劳动模范，一个行业一个，教育行业推荐魏书生。中央电视台记者说：魏老师，你的事迹太感人了。还说一定要上天安门城楼上采访我，我说，我这号人属于那种上得去、下得来的人，让上就上，上得多高，咱永远也不会觉得比老百姓高什么，无非就是人生机遇好一点，肩上担子重一点，吃苦受累多一点。让下就下，遭批判，受诬蔑，被诬陷，蹲在那儿卖白菜，咱也不觉得人格上比人家低什么，也还是坦坦荡荡地把那个白菜卖好。

第二天，我们往天安门城楼上一站，三脚架支好，话筒对准。记者说，魏老师，你看你一个人又当书记，又当校长，又当班主任，一定有改革创新的办法。我说没有。他说你一定有。我说，我用的都是长胡子的办法。什么办法？两大点、一小点。哪两大点？一靠民主，二靠科学。哪一小点？领着全校师生员工做“注意力体操”。

22 年过去了，我仍然没有什么新的东西，就是这两大点、一小点。现在想查那时的资料，可以查 1988 年 5 月 1 日中央电视台晚间新闻联播节目，可以看到我站在天安门城楼上讲两大点、一小点：一靠民主，二靠科学和领着全校师生做“注意力体操”。坚持到现在不动摇，不懈怠，不折腾。

陶继新：几十年来，教育界出了一个又一个新的提法、新的观念，可是，变来变去，还是万变不离其宗，还是离不开您所说的民主与科学。可是，有的人变得不伦不类，走得越来越远。为什么会出现这种情况呢？因为这样的人本身就没有定力，更没有属于自己的教育思想。而您不是这样的，您的两大点、一小点，是您在教育实践中自己总结出来的，是行之有效的方法。这样的方法，不要说用于教育，就是用于其他行业，照样可以。因为民主与科学属于“道”，属于真理，属于生命成长的规则。遵循这个规则，就会成功；反之，就会失败。

正是因为有“道”在心，所以，不管遇到什么情况，您都有一颗定心。受到表彰、接受采访后，魏书生还是魏书生。虽然成果丰硕，可是，您自己并没有感到有什么了不起。正所谓“劳而不伐，有功而不德”也。被诬陷，被批判，依然从容接受，乐而不忧。正所谓大道在心，“旁行而不流，乐天知命，故不忧”也。老子说：“道可道，非常道。”您的道，虽然可道可说，但是，如果没有您的心境与思想，还是不能走进去的。这可以说是全国有无数的人在学习魏书生，可是，却很少人成为魏书生的原因所在吧。

魏书生：我所说的“注意力体操”，其实就是四个字：

第一，松，总是处于浑身轻松的状态。有一百件事儿，我不也得一件件做吗？既然要一件件做，有什么必要紧张？

第二，静，心灵宁静。要守住心灵的宁静。要以静制动，以不变应万变，以我心应万物。其实，若用儒家观点解释“禅”，就是两个字，“宁静”。进入聚精会神、一心一意的状态，你就舒服了，就幸福了，就去掉攀比了。对自己说了不算的事儿要看得开，想得透，让人家去干；对自己说了算的事儿要拿得起，进得去，想得深，干得实。这样，你天天都在收获，在成长，在发展，在顿悟，在认识，在触摸事物深处的规律，你说你能不幸福吗？所以，我说要守住这颗宁静的心。

第三，匀，我要同学们训练自己的呼吸。人吸一口气就到嗓子眼，你再深点到胸，再深点到丹田，再深点到涌泉。实际上一吸真气，它是进入了涌泉的，只不过你不训练，感知不到。我说你经常这么训练，一口气直到涌泉，然后将疲劳之气从涌泉开始呼出，再一口气进入涌泉。你这么呼吸的时候，你每一吸一呼都是一种幸福，都是一种享受，想得病，可能吗？天天这样品尝人生，你自然一呼一吸都在感恩之中，都在健身之中。

第四，乐，要以快乐的态度对待人生的磨难，对待人生的上下进退起伏、兴衰荣辱得失。你说了不算的事儿看开了，想通了，放下了，你说了算的事儿拿起了，你自然就快乐了。天天活在这么一种心态中，你说你想不健康，能做到吗？

对自己说了算的事儿要拿得起，进得去，想得深，干得实。对自己说了不算的事儿要看得开，想得透，让人家去干；每天走进校园时松静匀乐，师生问好时松静匀乐，见到老师时松静匀乐，见到校长时松静匀乐，见到朋友时松静匀乐，见到对手时松静匀乐，一下把他弄蒙了，不知道怎么出招了，只好对你苦笑一下。第二天你见了他时还是松静匀乐，他只好苦笑两下。人与人之间能有多大冤仇？“度尽劫波兄弟在，相逢一笑泯恩仇”，一百年后，谁都见不着谁了。当班主任的走进班里时松静匀乐；当老师的开始备课时松静匀乐，打开教材时松静匀乐，写备课簿时松静匀乐。有的老师写备课簿时，就不这么写，在那儿一边写一边生气：这个破玩意儿都写多少遍了，不写难道就不行吗？不写还真不行，这个校长他还要检查。糊弄他不行吗？糊弄也不行，他查着了会生气。一边写一边烦，一边写一边气。我说，您亏不亏？您最亏的可不是这会儿您多生了气，最亏的是您用青春训练了自己擅长生气这根脑神经的工作能力，提高了它生气的技术水平，以后只要一拿起笔来写备课簿，这根脑神经就进入工作状态，您就得在它的控制下生气。我说，您多冤呢！很多人就是这么活着，就是这么干活，就是这样训练自己擅长生气的那根脑神经、擅长发牢骚的那根脑神经。你发牢骚的功能可发达了，生气的水平可高了，结果糟蹋了谁？你不是在糟蹋自己吗？你想找气生，你天天找，找 10 万个都不费劲，我说你不是想不开吗？听魏老师的话，以后一写备课簿就干什么？松静匀乐。多美呀！

好了，备完课走进教室时松静匀乐，组织教学时松静匀乐，处理纠纷时松静匀乐，开口讲课时松静匀乐，回身板书时松静匀乐，一天工作时松静匀乐，下班回家时松静匀乐，上市场买菜时松静匀乐，讨价还价时松静匀乐。你跟人家急，人家能降价啊？你跟人家松静匀乐，卖菜的都会受到感染，一想别人不能给他降价，单给这位老师降价。回家洗菜、炒菜时松静匀乐，吃的时候就更不用紧张了。你一天下来，松静匀乐+松静匀乐=松静匀乐，这样就大大降低了生存成本，提高了生活质量。我天天就是这么活的，所以，相对来说我支付的成本就低，生活的质量就高。如果总把干活当作一种享受，那么你天天都生活在这种健身享受之中。

我搞过一次破坏性实验，这是前不久的事，事先我心里没有底。我说，我胃口非常好。我爱人说，真的吗？我说，我吃什么都能消化。她说行，那好。她给我弄了点黑豆，没煮熟就让我吃。我吃着硬邦邦的。她说，黑豆都这样，煮不熟。后来我才知道黑豆能煮熟。我就把这些生黑豆吃下去了，见效很快，当时就胀肚，还连夜发烧，特别快。我从来没有撂倒得那么快，一般没什么东西能把我撂倒。我连二楼都不想上了，我说算了，就在一楼住吧。最难过的是第二天。这是周四的事儿，周末我得到贵州去讲课。我爱人说，那你还能去吗？我说，不去怎么办呢？跟人家说好了，不去不是不守信用吗？我到哪儿讲课都跟人家提三个条件：第一，到你们那儿不吃好东西，吃完好东西不舒服；第二，不住大房子，住大房子睡觉不舒服；第三，不要讲课费，要讲课费自己不舒服。同意吗？同意。好，同意我就去。我说，人家都同意了，咱不去，不是不守信用吗？我爱人也害怕了，说，那你还能走到那儿吗？我说走不到也得朝那个方向努力，走到哪儿算哪儿。

我半夜12点飞到贵阳，下了飞机又上汽车，山路弯弯，凌晨2点20分——周六凌晨赶到黔西，8点30分往大礼堂里一站，开始魏书生专场报告会。我说，同志们，我真不想来，类似的情况14年前有过一次，1996年在浙江，我急性中毒，但没发烧，本来应该讲到11点30分，可我讲到11点就不行了。我说，我今天还不如上一次，可能只能讲半个小时，理解万岁，反正我来了。结果往那儿一站一个小时没感觉，半天下来没感觉。上午没问题，下午为什么不讲呢？下午2点往那儿一站，站到5点，一分钟都没闲着，全是站着。坐着说话我难受，全是站着说话，非常舒服。快到5点时跑出会场，被人家围住签字照相。然后坐上汽车，一上山路，一晃，完了，犯后劲，浑身冒汗，呕吐。在讲学路上呕吐，在我的生命史上还是第一次。人家害怕了：魏老师，还走吗？我说，不走怎么办？走。自费买了点健胃消食片。我说，得多长时间能到？前面有两部汽车接我一个人，他们说，魏老师，您做好准备，东部的山路比西部更不好走，大概得走11个小时。

同志们哪，得11个小时！晚上5点整发车，山路弯弯，崎岖坎坷，颠颠簸簸，早晨6点20分下车，13个多小时。你说我得是什么状态。我说，几点开讲？魏老师，8点行不行？我说，我希望是8点30分，我想在平地上睡一会儿觉。他们说，魏老师，您没来时我们早就通知了，大伙儿都来了。我说，来了还说什么？不能让大家等咱，上台。8点10分往那儿一站，我说，朋友们，同志们，我真不想来，可为了守信用不得不来，我也许只讲半个小时，理解万岁吧。结果往那儿一站，松静匀乐，一个小时没感觉，两个小时很正常，半天下来没问题。

下午从2点开始站，站到5点，没事儿，又把我拽去跟少数民族朋友跳舞去了，回来以后给我准备好笔墨纸砚，让我写条幅，我一幅一幅写下来，写到晚上8点20分，他们说，魏老师，您赶快睡觉，休息。我自己也纳闷，没有别的原因，就中间吃了一点健胃消食片，怎么顶下来的？我想还是松静匀乐在起作用。坐上汽车时松静匀乐，坐上飞机时松静匀乐，走在路上时松静匀乐，走上讲台时松静匀乐。我在讲台上讲课时能一条腿站着，我都不用两条腿站着，用两条腿轮流松静匀乐。我经常用一条腿的前脚掌支撑全身的重量，你试试用一条腿的前脚掌支撑全身重量的时候，等于5只脚趾轮流撑重，相当于浑身在做保健按摩。

所以，经常大伙儿看起来我是在前面讲课，实际上我是在台上养性健身呢。这三十年来，我都是提倡学习、工作、养性健身一体化，别把它们切割开来。今天上班，就像进了苦海一样，而下班后，回到家就像进了乐园一样。我说你不是在糟蹋自己吗？因为你天天都要进入学校。松静匀乐可以随身携带，行走坐卧皆可进行，真的是比较便宜。我到处都说松静匀乐四个字，讲遍了各行各业。几乎中国所有的行业我都去作过报告了，公检法、国地税、人民银行、野战部队、劳教所、监狱，都说是我的责任，我也弄不清有多少责任。

从珠海市委市政府，一直讲到呼和浩特市委市政府。郭沫若老家几大班子，专程来听我讲课，我就是讲好好活着，松静匀乐，乐观进取。前不久，中共沈阳市委召开魏书生专场报告会，几大班子成员、人大政协的领导都来参会，一把手书记主持，我就是讲松静匀乐，养性健身，同时做好本职工作。

陶继新：人在松静的状态下，慢慢深呼吸就能体会到人和天地精微之气的交换：吸气时，除了肺在吸气，整个身体也在把体内的浊气向外排，即把人的气释放到天地之间；而肺在呼气时，实际上人是在通过全身毛孔吸收天地的精微之气。

一动之中必有一静。放松意味着释放身体中不必要的紧张，从而获得身体内层的强健以及心灵的宁静。人在身体紧张的时候，不会得到心灵的宁静。所以，首先得学会放松，从我们身体的外层开始，并穿越我们身心存在的深层。懂得放松艺术的人也懂得禅定的艺术。

跟松静匀乐相对的，就是生气和抱怨。“君子求诸己，小人求诸人。”君子无德怨自修，小人有过怨他人。有的人嘴里不怨心里怨，越怨心里越难过。怨气有毒，存在心里，不但让人难受，还会让人生病，等于自服毒药。

经常生气无异于给自己注射毒素。人人都明白这个道理，可是，遇到不顺的时候，依然有人暴跳如雷。如果能真正做到松静匀乐，人们就不会如此伤害自身。其实，不只是生气会伤身，就是抱怨对身体也是很有伤害的。所以，一定要松静匀乐，不要生气，不要唠叨，不要抱怨，不要心急。

《黄帝内经》中说：火逆得多吐血，气逆得多吐食。若是生气，气往下行，就变成寒。若是着急，火往上行，就变成热。寒热都会伤人。生气、着急时间长了，人就一定会得病。

魏老师，您天南海北地讲课，会议也是一个挨着一个。但是，您是忙而不乱，忙而从容自若。而且，您还精神饱满，身体健康。这自然得益于您自己创造又一直实践着的松静匀乐吧。

现在您退休了，依然很忙。我觉得，您忙得更有意义，忙中更乐了。这几年，我在观察官员离职之后的两种生命状态。一种生命状态是什么呢？我在当领导的时候太紧张了，现在终于退休了，所以，我可以放松一下了，好好休息，锻炼身体，颐养天年，享受天伦之乐。所以，身体越来越健康，心里越来越愉快。另一种生命状态却不是这样，他在想：我在位的时候每天车水马龙，尤其是春节的时候。但是刚一退休，立刻“门前冷落车马稀”，没有谁来了，甚至连自己曾经的下属都不来看望了。于是，越想越生气，生气一段时间后就得病了，得了病就更生气。时间一长，就住院了。住院以后还是生气，病就越来越重了。有的还得了癌症，不到几年时间，生命就岌岌可危，甚至一命呜呼了。正所谓“怨人是苦海。越怨人，心里越难过，不是生病就是招祸”。其实，老子早就说过：“功成，名遂，身退，天之道。”该退的时候，你就得退下来，这是天道。依天道而行，就会健康快乐；反之，就会得病，甚至提前结束生命。

这些退休的干部，如果好好听听您的讲座，体会到松静匀乐的至美至乐，就会看透世事，明白事理，就会心情放松，健康幸福。

在近十几年的时间里，我是几乎不感冒的。即使偶尔感冒，也是不吃药，不休息，三两天就一切都好了。可能是因为我是一个乐观主义者，平时又特别注重锻炼吧。特别是退休之后，我更加健康快乐。心情不愉快，特别是过度悲伤与生气的时候，疾病就会乘虚而入。因为任何影响心灵生活的因素都是疾病，并最终体现为身体的病症。2010 年 10 月 16 日，我父亲去世之后，我有一种难以解脱的痛苦与悲伤，特别是出殡那天，我异常悲痛地哭了六七个小时。就是这些悲伤与痛苦，让我得了将近一个月的感冒。

后来我想明白了，人有生就有死，再说老父亲在儿女们的照料下，晚年生活过得很幸福，去世时走得也很安详。所以，想到这些，我又觉得有了一些安慰。但是，就是那几天的悲痛，却让我的身体得了前所未有的疾病。

所以，要好好学习您的松静匀乐。

当然，在一般情况下，我基本上还是可以做到松静匀乐的。比如，我经常外出讲课与采访，坐飞机就成了家常便饭。所以，有的时候飞机晚点我也就不感到奇怪了。每当这个时候，我一点儿都不心急，而是心平气和地给订票的人打电话，让其给我改签成下一班飞机。

2008 年 12 月 5 日，我在江苏省张家港市讲完课后，由小车司机送我去上海浦东机场。将近上海收费站的时候，我问司机，到磁悬浮车站需要多长时间？他说，大约十来分钟，前面不远处的延安高架下面就是。我又问，如果送我到浦东机场呢？他说，大约一个多小时。我说，那你就送我到磁悬浮车站吧，从那里上车后，七分钟就能到浦东机场。结果，在即将到达延安高架时，这位司机询问一位上海的出租车司机，才知道磁悬浮车站在浦东，还远着呢。可是，再退回来，已经不可能了，我们只好在上海市区前行。上海的交通真成问题，走了将近两个小时，还没有到达浦东机场，可这个时候，离飞机起飞只有半个小时了，赶上这班飞机已经没有任何可能。这位司机很是内疚，一再道歉。我说，没什么，应当是我的责任啊。我如果不说磁悬浮车站，您是不会走到上海市区来的。于是，我给为我订票的人打电话，让他们给我改签成下一个航班。可是，这个司机还是过意不去。于是，我说，我给您说几个笑话吧。就在小车上，一向不太爱说笑话的我，给他讲了几个在别人那里听来的笑话。到了机场，晚了将近三个小时，于是，乘坐下一班飞机。可是，我的心里还是很快乐，因为这让我接受了一个教训，同时我也结识了一位好心的师傅。

我不知道魏老师遇到过这种事情没有。如果遇到了，相信您会处理得更从容更机智。魏老师的心灵这么宁静，我想，大概跟您的胸襟与品格也有一定的关系吧。为什么呢？一个人如果做了坏事，他是没法达到心里平静的。《论语》中曾记载过孔子和他的弟子司马牛在一起时的一段对话，很有启示意义。司马牛问孔子，什么是君子？孔子说："君子不忧不惧。"即君子不忧愁，不恐惧。司马牛说，这就是君子吗？孔子说："内省不疚，夫何忧何惧？"意思是说，内在省检自身的时候，没有任何愧疚的地方，有什么忧愁，又有什么恐惧的呢？我想，魏老师，您就是做到了"内省不疚"。您对学生也好，对教育局也好，对全国听众也好，没有什么愧疚的地方。您在向大家展示一种精神面貌，传递正能量，所以始终感到心里无愧、无疚，感到很舒服。这种心理健康还会外化出来，您自然就会从容快乐了。

既然松静匀乐如此之好，就应当让更多的人知道松静匀乐，让更多的人做到松静匀乐，从而达到自己内部的和谐。因为自己的内在没有冲突抗争，内在宁静祥和，与他人的合一，与父母、伴侣、孩子、朋友、同事等的联结，就会和谐互爱；与大自然万物，包括动物、植物、山、水等的联结，就会走向天人合一的境界。

魏书生：是的，在很多地方，我都讲松静匀乐，因为有了这种状态，人就会快乐，就会幸福。

陶继新：谢谢魏老师！今天我们在中央电视台《人口》栏目摄制组进行了整整一天的对话，又一次让我领略了您的教育智慧，特别是您的人生之“道”，让我有生命顿悟的感觉。相信这本由我们的对话结集而成的书出版之后，会让更多的读者受益，让更多的人种好心田，让更多的人走向幸福之路。

跋

在中国教育界，能够几十年如一日地产生影响者，可谓寥若晨星。魏书生，便是其中一颗耀眼的明星。不管是当语文教师，还是做班主任，不管是当校长，还是任教育局局长，他都是当之无愧的典型，都有超越常人的经验之谈。这棵教育界的常青树，为什么能一直枝繁叶茂？这当是一个值得研究的课题。

几十年来，我一直关注魏书生的教育实践与生命走向，不但听他的报告，读他的文章，而且也在研究他之为人的灵性状态。真可谓"'梦'里寻他千百度，蓦然回首，那人却在，灯火阑珊处"。原来，魏书生之所以成为魏书生，是因为有一个生命之"道"在支撑着他。老子说："道可道，非常道。"他还说："道生一，一生二，二生三，三生万物。"那么，魏书生之道是不是"可道"？是不是也具备生成"万物”的能量呢？

这几十年来，中国教育界可谓风起云涌，各种各样的流派、模式、技法等层出不穷。可是，真正抵达魏书生的境界者，依然是“几希矣”。这些研究者中，很多人比魏书生的学历高，学问大，可是，为什么就不能像魏书生的影响那样不胫而走呢？为什么没有像魏书生那样轻松自如地取得那么大的成绩呢？

回答是简单的——魏书生有属于他自己的“道”，而更多的人，却一直在“技”与“器”的层面徘徊着。

古今中外，大凡悟道、得道与行道者，都是不朽的。孔子、老子与庄子如是，苏格拉底、柏拉图也如是。他们都有自己悟出来的道，都有他们所行之道。

孔子的道是什么呢？他的弟子曾参说是“忠恕而已”，即一个忠道，一个恕道。所谓忠道，就是“己欲立而立人，己欲达而达人”；恕道呢，就是“己所不欲，勿施于人”。孔子还说：“吾道一以贯之。”看来，道不是随便变化的，而是应当“一以贯之”的。

这令我想到了魏书生，他的道是什么呢？我觉得是遵守教育甚至是生命的规律，且有幸福永在之美。而且，几十年不变，以后也不会变。是的，有了这种规律，就能以不变应万变，就能永远立于不败之地。动物大都可以在其天年的时候才死去，而人的天年是多少呢？120 岁。可是，有多少人活到了 120 岁？太少了！为什么呢？关键是没有遵循这个规律，心里也不幸福。

有的人喜欢折腾，折腾别人的时候，岂不知也在折腾自己！人是经不起折腾的，教育也是经不起折腾的。人折腾起来会短命，教育折腾起来会出问题，甚至会出大问题。然而，很多人一直在折腾着，教育一度也在折腾着。魏书生看到了这个问题及其危害的严重性，所以，他在任何时候、任何地方，都不折腾，一心一意地按照教育的规律办，就会心生幸福，就会有定心，就会有慧根，就会有一双看清世事万物的法眼，就会有与道相宜的真正有用的方法。任何教育改革，如果让绝大多数人不舒服了，难受了，都将不可能成功。魏书生几乎不谈什么改革，也很少讲创新，更少说教学模式，而是想方设法，让与他同在一起的人快乐自由。当教师与班主任时就尽量让自己的学生快乐自由，当校长时就尽量让全校师生快乐自由，当局长时就尽量让整个盘锦市教育界的人快乐自由。看来，他不但自己幸福，还力图让更多的人幸福。这就是魏书生高人一筹之处，这就是“道”之在场的特殊力量。

不懂教育与生命规律，没有生命的幸福感，那么，不管你有再多的钱、再大的权力，不管你有多少改革举措，都很难走向成功的辉煌殿堂。反之，则可以创造出一个又一个的奇迹。

魏书生在自己尊重教育和生命规律且持续幸福的时候，也在千方百计地让更多的人创造奇迹，让更多的人获得幸福。

可是，很多人并没有真正理解魏书生的这个“道”，只是在机械地学习他的教育教学方法。诚然，这些方法是魏书生在实践中总结出来的，很有意义与价值。可是，如果没有参透魏书生的生命之道，只是就方法学方法，就永远得不到魏书生的“真经”，只能学一点皮毛而已。

我不敢妄称自己是悟道、得道与行道之人，但是，我对魏书生之道有自己的心灵感应，所以，很想与魏书生就这个问题进行一次较深层次的交流。

我在寻找这种机会，也在创造这种机会。

于是，我想在我主持举办的“第二届名家人文教育高端论坛暨名师课堂研讨会”上，请魏书生作一场“种好心田”的报告，并借此与他商定心灵交流的事宜。

结果，他不但在会上作了精彩的演讲，在中央电视台《人口》栏目摄制组，我与魏书生也进行了面对面的对话。几台摄像机同时摄像，录制了我们对话的全部内容。

整整一天，我们从语文教学，谈到班主任工作，从教育管理，谈到种好心田。没有片纸文稿，率性而言，七个多小时的时间里，魏书生一直是妙语连珠。对话是在意犹未尽的语境中结束的。而这本书稿，就是当时对话录音略加整理而成的文字稿。

整理书稿是断断续续地进行的，因为预定的采访与讲课难以推脱。即便如此，每次面对录音文稿，我都仿佛又一次与魏书生面对面地坐在一起。他是那么亲切，那么真诚，那么富有智慧。一直在“学而时习之”的我，当是这次对话的最大受益者。

人之快事，莫过于“与人同乐”。当大家从我们的这个对话中，也如我一样感受到快乐与幸福的时候，我也就更加快乐与幸福了。如果大家在读了这本书后，也能像魏书生一样快乐与幸福，魏书生老师也会感到特别的快乐与幸福。

所以，这本书就名之曰：“幸福的教育——魏书生、陶继新对话录”。

由于时间仓促，自己水平有限，所言所悟，定有一些不当之处。诚望广大读者与听者，给予指正与批评，我当不胜感激。

陶继新

2021 年 7 月 30 日于济南